KB040913

잃어버린 품격을
찾아서

『토지』를 읽은 경제학자가 바라본
우리 사회의 풍경

잃어버린 품격을
찾아서

김윤자 지음

생각의힘

한국 사회에는 과연 노블레스 오블리주가 없는가

마르셀 프루스트의 『잃어버린 시간을 찾아서(À la recherche du temps perdu, 민음사)』를 읽으며 '언어'에 대해 다시금 생각을 해보게 되었다. 프랑스어는 '뉘앙스'가 강한 언어려니 대강 생각하고 있었는데 자신이 표현하고자 하는 것을 정확하게 적기 위해 때로 한 페이지 넘게 추억 속 수프 냄새, 바스락거리며 씹히던 과자 소리, 어머니 품에 안긴 순간의 따스함과 곧 그 포옹을 끝내야 한다는 두려움 같은 감정들을 하나같이 꼼꼼히, 정밀하게 천착하며 이어나가는 것을 보면서 모국어를 이토록 치열하게 다듬는 작가의 천형(天刑)에 새삼 전율을 느꼈더랬다.

언젠가 박경리 선생은 내부에서 터져 나오는 어떤 소리를 적지 않을 수 없어 천형처럼 쓰게 되는 운명 같은 것, 그게 바로 작가라면서 언어를 가리켜 진실을 향해 강을 건너가는 배, 저편 진실의 피안에 닿을 듯 닿을 듯 닿지 못하는 안타까움을 언어를 벼리는 작가의 고통에 비유했던 기억이 난다.

내 깜냥에 20여 권에 달하는 대하소설을 어찌 읽어내리. 그런데 박경리 선생의 『토지』는 시리즈 전권을 몇 번이고 되풀이해 읽어 웬만한 구절은 외울 지경이 되었으니 이것도 인연이라면 인연이 아닐까?

전두환 군부의 1980년 5월 언론 탄압 때 나는 제작 거부에 동참했다는 이유로 다니던 신문사에서 해직되었다. 햇병아리 신참 기자 주제에 뭘 얼마나 했을까. 아마도 머릿수 채우는 과정에서 선배들 명단에 휩쓸려 들어갔지 싶기도 하다. 광주에 시체가 더미로 쌓이고 불문곡직 '닥치고 고문'이 나날이 이어지던 엄혹했던 시대. 그래서 당시에는 해직이나마 당하지 않았다면 무슨 면목으로 훗날 이 엄혹한 시대를 회고할까 싶기도 했었다.

해직 기자라 취직도 쉽지 않던 그해 겨울, 대학원 시험을 치르고 2주 동안 합격자 발표를 기다리는데 아무것도 손에 잡히지 않았다. 주민등록증 말고는 아무런 '적(籍)'이 없는 '천하무적(天下無敵)'의 처지, "노느니 염불한다."라고 했던가. 언젠가 복직되는 날엔 훌륭한 기자가 되어야지 싶어 나름대로 몇 달 머리 싸매고 준비해 대학원 시험을 치렀는데, 혹시라도 불합격이면 다시 천하무적의 처지. 더는 견디기 어려울 것 같았다. 합격자 발표를 기다리는 그 2주 동안 『토지』를 읽었다. 책을 처음 손에 잡고서 빨려들듯 밤을 새워가며 읽었다. 그리고 2주 뒤 합격 발표를 들었다.

처음 『토지』를 읽을 때에는 스토리를 따라가느라 폭풍 흡입하듯 내처 밤을 지새우며 읽었다. 그러고 나서 다시 한번 읽을 때는 천천히 행간을 음미하고 '문장'을 즐겼다. 그 뒤로는 아무 데나 펼쳐지는 대로 읽으며 전에는 발견하지 못했던, 느끼지 못하고 지나쳤던 숨은 골짜기의 여울 같은 이야기의 샘물을 마시며 새삼스럽게 삶의 어떤 갈증이 씻겨 내려가는 듯 소쇄한 기분, 때로는 새삼스럽게 가슴이 울컥하고 눈시울이 뜨거워지는 감정의 용솟음을 누렸더랬다. 3대만 거슬러 올라가면 친일 경력이 나오거나 좌익 경력이 나오니 한국에는 '노블레스 오블리주'가 없다는, 쉽게들 시니컬하게 말하는 우리의 그 통한에 휩싸인 근대의 굴곡이 『토지』에 고스란히 담겨 있었던 것이다.

그렇게 『토지』를 읽다가 문득 배운 도둑질이라던가, 결국은 내가 『토지』를 사회과학도의 눈으로, 경제학도의 눈으로 읽고 있다는 생각이 들었다. 식민지 지배에 동족상잔의 한국전쟁을 겪었으나 세계사에 유례없이 빠른 속도로 산업화와 민주화에 성공했다고 일컬어지는 대한민국. 『토지』에 등장하는 '보릿고개'를 넘은 지 이미 오래요, 너도나도 비만을 걱정하며 '다이어트' 열풍에 합류하는 오늘, 왜 여전히 우리는 경제 걱정을 하고 있을까? 경제란 것이 내 어릴 적부터 늘 '위기'였으니 새삼스러울 것도 없을 터이지만, 이제는 염치마저 내팽개치고서 너도나도 각박했던 각자도생의 그 시절에서 벗어나 조금은 옆도 돌아보고 자신의 마음도 들여다보며 삶을 누리는 기본기를 갖출 만도 하건만. 실상은 오히려 비정규직 알바의 불안정과 노후의 불안에 쫓기고 있는 것이다.

어차피 인생은 미완성, 풍요 속에서도 더 많은 것을 원하여 몸부림치는 것이 인간의 속성이요 실인즉 그런 무한한 욕망으로 인해 오늘과 같은 문명과 번영을 이루었을 터이니 위대할진저 인간의 세속적 욕망이여! 다만, 욕망에 몸부림치더라도 존재의 기본이라 할 만한 최소한의 존엄, 최소한의 품격으로 욕망하고 삶을 누릴 때도 되지 않았을까?

『토지』의 등장인물들은 나라를 빼앗겨 염치도 잃었다고 한탄하는데 지금의 우리는 어떤가. 염치를 돌아보고 더불어 사는 시민으로서의 품격을 갖추었는지 자문해볼 일이다.

이런 생각으로『토지』를 읽으며 적어둔 메모들을 엮은 것이 이 책이다. 그러니『토지』에 대한 독후감 격 글이라 해도 좋겠다. 더불어 꼭 직접적이지는 않지만『토지』와 연결선상에 있는 생각들로 그날그날 먹고사는 삶과 세상사를 풀어낸 글도 실었다.

1부에서는『토지』의 나라 잃은 백성들이, 그러나 자기 존엄만큼은 치열하게 지켜내려 했던 이야기를 시작으로 부자여서 품격이 있음이 아님을, 먹고살기 팍팍해도 다름 아닌 자기 존엄을 위해 지킬 품격이 있음을 적었다. 대한민국은 이제『토지』의 보릿고개 시대가 아닌, 국민소득 3만 달러대의 선진국 진입을 전망하고 있지 않은가. 그러한 전망이 가능하기 위해 빈자와 부자 모두를 위한 복지는 그들의 품격을 위해서도, 나라의 경제성장을 위해서도 '시혜'가 아닌 고효율의 '사회적 투자'임을 강조하고 싶었다.

2부에서는 근대적 진보의 동력이었던 시장의 넘치는 에너지를 『토지』에서 묘사하는 장터 풍경에 대비해 풀어보고자 했다. 독점 시장의 폐해와 가진 이들의 천박한 '갑질'이 도무지 창피스러운 오늘의 대한민국이지만 식민지 지배를 통한 왜곡된 근대화로 우리가 아직 시장의 동력을 충분히 활용하지 못하고 있다는 것이 평소의 내 생각이므로 이러한 시장의 에너지를 더불어 살아가는 시민사회의 품격으로 조화시켜 모멘텀을 확보해야 한다는 전제 아래 해고를 둘러싼 갈등, 비정규직 불안정 노동자, 낙하산 논란 등 몇 가지 주제를 다루었다.

3부에서는 너나없이 불완전한 인간들의 세상에서 당연히 존재할 수밖에 없는 위기와 갈등을 풀어가는 기본 스탠스로서 갈등의 품격을 풀어보았다. 미국, 영국, 유럽이 각각의 위기와 갈등에 임했던 에피소드들을 차례로 훑어보고 지구상 마지막 남은 분단의 땅 한반도의 리스크를, 그러나 우리가 하기에 따라서는 오히려 프리미엄이 될 수도 있지 않을까 하는 전망을 담았다.

마지막 4부에서는 『토지』의 몇몇 두드러진 인물들을 통하여, 존재의 근원이라 할 남녀 간, 부모 자식 간 그들의 성(性)과 사랑과 연민을 풀어내는 『토지』의 미학을 통하여, 식민지 지배와 동존상잔의 전쟁, 개발 독재의 치달음 속에서 단절되어온 우리의 태생적 품격을 찾아보고자 했다.

애초에 나 자신을 위한 메모였으므로 다른 이들에게 얼마만큼의 의미가 있을지 출간이 망설여지기도 한다. 또 내 식으로 재단해

위대한 작가의 대작을 훼손하는 것은 아닐까 조심스러운 것도 사실이다. 하지만 책이란 출판되고 나면 작가의 손을 떠나 독자의 것이 된다고 하지 않던가. 이런 마음 한편으로 어쩌면 그다음 메모들을 엮어, 이를테면 '경제학자의 시선으로 본 『토지』' 시리즈로 다시금 독자들을 만날 날을 그려보기도 한다!

써놓고 보니 품격과는 거리가 먼 사람이 품격을 얘기하다니, 아마 평소 품격 없음이 어지간히 마음 쓰였던 모양이다. 그래도 식민지 지배 아래 이리저리 찢기면서도 저마다의 존엄에 치열했던 『토지』의 고단한 인물들, 그 오욕의 기록으로부터 비록 남루할지라도 우리의 태생을 돌아보고, 오늘 우리를 풍요롭게 할 우리의 원형을 찾아보고 싶었다.

강한 자가 아량을 갖는 법. 재물이나 권력 못지않게 가치나 도덕적 자부심을 가진 이들이 먼저 나서서 우리의 원형과 그 품격을 찾아주면 좋으련만. 마음으로나 물질로나 가진 것이 많지는 않지만 나도 노력을 해보고 싶다. 내가 좋아하는 젊은 벗이 즐겨 쓰는 표현처럼, "잘 안 될 것이다. 그러나 노력해볼 수는 있지 않은가."

각주를 달고 인용 페이지를 명기하는 전공 논문 글쓰기에 길들여진 처지에서 수필집을 펴낸다는 것이 주제넘은 것도 같고, 또는 외도를 하는 것도 같아 어색하고 부끄러웠다. 고맙게도 출판 전문가의 지적이 예리하고 적절하여 도움이 되었다. 읽히는 글, 가독성 높은 글에 대한 출판 전문인의 조언은 자칫 주관에 매몰될 수 있는 글에 그나마 평정을 실어주었다. 경제학 서적이나 조금 읽었을 뿐,

천학비재한 필자로 하여금 감히 이런 책을 내도록 용기를 준 출판인 김병준 님, 남루한 글을 다듬어준 한지연 님에게 지극한 감사를 전한다.

2018년 겨울

김윤자

차
례

책을 펴내며 한국 사회에는 과연 노블레스 오블리주가 없는가   5

1부   빈자의 품격, 부자의 품격

1 박경리의 『토지』: 민족, 계급, 유토피아   17
2 가난하면서도 도(道)를 즐기고 부유하면서도 예(禮)를 좋아하는   35
3 부자에게 복지를!: 최서희를 위하여   44
4 '386' 그 이후: '아재'들의 품격을 위하여   50
5 '은퇴 빈곤'과 노년의 품격   56
6 삶의 품격, 죽음의 품격: 돌봄 노동   61

2부   시장의 에너지와 시민의 품격

1 쇼핑 퀸, 장터에 가다   71
2 닥치고 경쟁력, 해고의 자유를 허하라!   94
3 놀이의 품격, 노동의 품격: 잘 놀아야 일 잘한다   98
4 '고용 없는 성장', 백수에게 축복을!   104
5 '낙하산'이 어때서?   108
6 입시, 욕망의 품격   115

3부   갈등의 품격

1 경제 위기? 위기와 기회 사이   127
2 루스벨트 대통령과 노동자   133
3 스워드 라인(sword line)의 토론   137
4 유로존, 더불어 행복하려면   142
5 방탄소년단: 역사는 흐른다   147
6 한반도 리스크? 한반도 프리미엄!   158

4부   『토지』 남녀: 잃어버린 품격의 시간을 찾아서

1 신분과 애정 사이: 『토지』와 〈섹스 앤 더 시티〉   165
2 사랑의 정석: 월선과 용이, 몽치와 모화   184
3 『토지』의 성(性): 정직하고 담담한   197
4 존재의 근원, 모성애: 석이네와 야무네   209
5 『토지』의 미학: 잃어버린 우리 빛깔, 잃어버린 우리말   219

1부

빈자의 품격,
부자의 품격

1
박경리의 『토지』:
민족, 계급, 유토피아

'도색 문화' 운운하는 일본 문화에 대한 설익은 선입견 탓도 있었을 테고, 그보다는 식민지 지배를 받았던 열등감이 더 크게 작용했을 테지만, 나는 일본 영화를 도통 보지 않았다. 종종 일본 여행은 즐기면서도. 좋건 싫건 이웃에 대해 이리 무심하다니. 게으른 탓이겠으나 역시 부끄러운 노릇이다.

10여 년 전 런던에 1년쯤 머물렀을 때 일이다. 영국 친구가 템스강 건너 NFT(National Film Theatre, 국립영화박물관 정도 되겠다)로 영화를 보러 가자고 했다. 아시아 영화 상영 주간이라고 했던 것 같다. 아무튼 종속이론으로 한때 한국에도 이름이 알려졌던 이집트 출신 학자 사미르 아민(Samir Amin)의 프랑스어 저서 여러 권을 영어로 번역해 런던 대학가 연구자들 사이에서도 이름이 좀 알려진 친구였다.

3존(zone), 4존 하는 외곽까지 포함하면 꽤 넓지만 1존의 '센트럴 런던' 자체는 서울로 치면 사대문 안이라고 할까? 워낙 작은 동네라 그런지 그네들은 흔히 서로의 집으로 놀러 가거나 집으로 데리러 오곤 했다. 친구 역시 자기 집이 NFT 가는 길목에 있으니 나더러 자기 집으로 와서 함께 가자고 했다. 전에 가본 적 있는 리버풀 가의 그의 집에서 차를 한 잔 나누고 버스를 한 번 탔던가? 아무튼 템스강 다리는 걸어서 건넜던 기억이 난다. 하기야 템스강은 우리네 탄천보다야 크겠지만 한강하고는 비교가 안 되었으니까. 물론 사철 물이 풍부한 덕분에 늘 크고 작은 배가 드나들긴 하지만 말이다.

그렇게 나는 처음으로 일본 영화를 봤다(그리고 아직까지 유일하게 본 일본 영화이기도 하다). 영화의 제목은 〈동경 이야기(東京物語, Tokyo Story)〉. 친구는 영화에 관심이 있는 사람이라면 알 만한 감독이 만든, 나름대로 유명한 작품이라고 설명했다. 같은 아시아계 사람이면서 그 감독(나중에 알고 보니 오즈 야스지로였다)의 이름을 모르는 것을 의아해하는 것 같았다(어쩌면 나의 교양이랄까, 지성의 깊이에 살짝 실망하지는 않았을까?). 아는 사람은 알겠지만, 전후 일본 영화 세대를 대표하는 감독 오즈 야스지로는 〈동경 이야기〉에서도 절제된 메시지를 연출하는 솜씨가 탁월했다.

영화를 보면서 나는 적잖이 놀랐다. 독립군, 밀정, 군부, 재벌, 천황… 이런 것들로 각인되어 있는 나의 일제시대. 그런데 영화 속에서는 전쟁에 자식을 잃은 일본의 아버지들이 패전 이후 동네 주점에 모여 앉아 누구네는 막내가 죽었네, 누구네는 아들 형제가 다 죽었네 하며 죽은 자식들 이야기를 하고, 전후의 빠듯한 살림살이에 도쿄 사는 자식네에 들른 부모를 대접하는 일로 젊은 부부가 갈등하고 있었다.

영화를 보고 돌아오는 길, 나는 아무 말도 할 수가 없었다. 갈 때는 일본에 대해, 북한을 향한 서방 언론의 태도에 대해 이러쿵저러쿵 떠들더니 돌아올 때는 아무 말 없는 내게 영국 친구는 전에 역시 NFT에서 봤다는 한국 영화 얘기를 했다. 들어보니 〈서편제〉인 듯싶었다. 친구는 그 영화에서 처음 들어본 한국의 노래가 굉장히 "센슈얼(sensual)했다."고 말했다. 이탈리아의 칸초네, 프랑스의 샹송, 포르투갈의 파두처럼 우리는 우리 노래를 '창'이라고 부른다고 대강 설명하면서 내가 그 영화도 보지 않았음을 비로소 깨달았다.

'사회과학도의 도식에 갇혀 살았나? 내가 참 문화적으로 저급하고 무지한 사람이로구나.'

내 자신이 참 한심하다는 생각마저 들었다.

그러면서 문득 박경리 선생의 『토지』에서 일본인 거지를 두고 나누는 대화가 떠올랐다. 용정에서 자비를 들여가며 한인학교를 운영하는 송장환이 선생을 구하러 회령에 가는데 마침 회령 곡물 거래상에 수금할 일이 있는 길상이 동행을 하게 된다. 거리에서 늙은 일본인이 홑겹 일본 옷 아랫도리를 허리끈 사이에 끼우고 정강이를 드러낸 채 걸어가는 것을 보고 조선 아낙들이 망측스럽다고 기겁을 하는데,

"저 늙은 것은 뭘 해처먹겠다고 여까지 왔을까?"

송장환이 씹어뱉는다. 왜짚세기를 신고 봇짐 하나를 짊어지고 지팡이를 짚은 초라한 그의 행색을 보며 길상은,

"자식놈이라도 찾아온 게지요. 행색을 보아하니 죄 없는 백성인 성싶소."

"그래요? 내 눈에는 굶주린 늙은 짐승 같소."

침을 탁 뱉으며 이어지는 송장환의 말에 다시 길상 왈,

"하늘 아래, 아마 거지들은 모두가 다 동족일 게요…. 도적놈들이 황금덩이를 가져와서 나누어 쓰자 할 리도 없을 게고…." (2부 1권(5권) 169쪽)

한다. 우직하고 사람 좋은 장환은 용정의 거상 집안 둘째 아들, 길상은 절에 버려지고 그곳에서 자라 소년 시절 최 참판 댁 하인으로 보내진 근본을 알 수 없는 처지. 그래서일까? 온유하지만 생각이 깊고 우수에 찬 인물로 종종 묘사된다. 고아가 된 최 참판 댁 유일한 핏줄 최서희를 연민과 동경으로 보살피고 사모하면서도 출신에 대한 갈등으로 괴로워하던 즈음의 길상이 회령 거리에서 본 일본인 거지에게 보내는 시선이다.

  사회과학 서적이 넘쳐 나던 1980년대에는 자본가와 노동자의 대립이라는 자본주의의 모순이 식민지에서는 제국주의자와 침탈당한 약소민족 간의 모순과 중첩된다고 하여, 계급 모순과 민족 모순 간의 우선순위를 둘러싼 논쟁이 식자들 사이에서 종종 벌어지곤 했었다. 그 도식을 흉내 내자면 장환이 민족 모순에 입각해 늙은 일본인 거지를 질색했던 데 비해 길상은 계급 모순에 입각해 빈자(貧者)의 공통된 처지를 생각한 것이라고 할까? 아, 이런! 이래서 배운 도둑

질이라고 하는 거겠지. 갖다 붙이는 게 사회과학의 도식이라니.

경제학도의 이런 딱한 한계에도 불구하고, 길상이 서희와 결혼을 한 뒤에도 느끼는 소외감, 어디 그뿐인가. 서울의 반가(班家) 출신 자제들, 함께 일제에 저항하는 그 동료 지식인들에게서 느끼는 소외감, 심지어 세상에 태어나 처음 가져보는 핏줄인 자신의 두 아들에게서조차 느끼는 소외감, 자신의 태생을 두고 떠나온 것만 같은, 자신의 탯줄을 어딘가에서 잃어버린 것만 같은 박탈감으로 괴로워하는 장면에 깊이 공감했다. 아무렴, 그랬겠지. 나라도 그랬을걸. 아내 서희와 두 아들을 깊이 사랑하면서도 그런 감정에 충분히 빠져들 수 있었을 터.

비슷한 소외감을 작가 박경리는 서희의 할머니이자 최 참판 댁의 부(富)를 이끌어온 여인 윤씨 부인을 통해 토로한다. 청상과부로 절에 기도하러 갔다가 정양 와 있던 동학의 접주 김개주에게 겁탈당해 불의의 자식 김환을 낳게 되는 윤씨. 그녀의 비밀은 친정에서부터 따라온 충직한 하인 바우 할아범 내외가 문 의원에게 부탁하여 태기를 숨기고, 무당 월선네가 절에 정양 가야 한다고 주문을 넣음으로써 넘어갈 수 있었다. 그렇게 그녀는 절에서 몸을 풀었고, 김개주는 핏덩이 아들 환이를 받아 떠난다. 연곡사 주지 우관의 동생이기도 했던 김개주는 훗날 양반이라면 한 치의 용서도 없는 무자비한 동학의 장수가 되어 최 참판 댁에 나타난다. 그러고는 윤씨 부인에게 아들 환이가 헌헌장부가 되어 자신을 수행하고 있음을 알린다. 그러나 말 한마디 없이 위엄으로써 대좌하는 윤씨 부인의 '도도

한 양반의 피'에 피눈물을 뿌리며 떠난다.

최 참판 댁의 어마어마한 부를 지키고 법도와 위엄으로써 하인들과 마름들, 작인들의 질서를 추상같이 지켜내는 강인한 조선의 여인 윤씨 부인은 그러나 낳자마자 버려야 했던 아들 환이에 대한 애끊는 모정과 미안감과 죄책감으로 오롯이 정을 쏟지 못했던 또 다른 아들 최치수가 비명에 가면서 다시금 못다 한 모정의 회한으로 괴로워하는 이중의 형벌에 시달린다. 나약한 감상은 전혀 아니요, 여인네의 분출하는 감정은 더더욱 아닌, 버티고 견디어내는 인고로써 더욱 처절한 모정의 극한을 박경리 선생은 나의 알량한 필설로는 무어라 설명할 길이 없는 도저(到底)한 문학적 서사로 풀어 나간다.

이처럼 문벌과 재물에 올라앉았어도 길상과는 또 다른 이유로 핍박받는 이들의 편에서 자신의 정체성을 인지하는 윤씨 부인. 그는 "나는 당신네들 편의 사람이 아니요, 나는 저 죽은 바우나 간난할멈, 월선네와 같은 처지의 사람이었소." 하고 말하고 싶은 것이다.

중인인 문 의원, 무당이었던 월선네, 신분으로 선 그어졌으면서도 이들에게 느끼는 진한 애정을 바탕으로 그는 조선 오백 년 양반 계급의 지배 윤리에 그렇게 항거하는 것이었다.

이렇듯 이편과 저편의 경계는 그것이 계급이든 민족이든 젠더(gender)든 현실 속에서 복잡하게 뒤섞이는데, 선명하고 날카로운 적의로 이를 일도양단(一刀兩斷)하는 이들은 언제 어디에나 있기 마련이다. 이를테면 『토지』에서 젊은 시절의 송관수가 그러하다.

동학혁명 때 농민군에 합세한 아비가 죽고 어미는 생사조차 알수 없는 송관수. 양반이라면 치를 떠는 그는 의병에 합류했다가 피신하는 과정에서 백정의 사위가 된다. 함께 의병 운동에 가담했던 당시 의병장이었던 김 훈장에게 그는, "저놈의 늙은이, 떠메다가 평사리에 갖다뇌야겠다. 누구 산에 유람 온 줄 아나? 백미에 뉘 한 톨섞이듯, 상놈 판에 양반이 무신 소용고." 하고 악담을 하는데 그런 그를 목수 윤보가 나무란다.

> "이눔아아야, 니 정말 그래서는 안 된다. 그놈의 독기를 뽑아부리야만 무슨 일을 해도 할 긴데, 참말로 니 그래서 못 씬다아. 기운만 가지고 일하는 거 아니고 사람을 싸안을 온기라는 기이 있어야제. (중략) 못난 놈이 관에서 매 맞고 집에 와서 계집 치는 거라. 서름은 서름대로 사키고오 노옴(노여움)도 노옴대로 사키고 합심해서…." (2부 3권(7권) 192쪽)

목수로서도 솜씨가 빼어났던 자유인 윤보를 작가 박경리는 각별한 애정을 가지고 묘사하거니와 매인 데 없이 살고자 하는 자유인 윤보가 자신의 존엄에 관해서만큼은 한 치 양보 없이 치열했음을 특히 강조한다. 한일 합방이 발표되고 "양반님네들 체면이 있지 뒷북이라도 쳐야 되는 것 아니냐."면서 김 훈장을 찾아가 의병을 조직했던 윤보가 패잔병이 되어 골짜기에서 맞이하는 죽음. 박경리 작가는 그 장면 역시 자유인의 죽음답게 정성을 다해 묘사하고 있다. 목수 윤보가 죽어가면서 자신이 바라는 다음 세상을 뇌는 장면은 비장하거나 각박하지 않고 오히려 넉넉하면서 유머러스하기까지 하다.

> "…하늘을 처다보고 뫼까매귀 소리를 들으믄서, 야 이놈아아야 방구석에서 죽는 것보담, 죽으믄서 계집 새끼 치다보믄서 애척을 못 끊는 불쌍한 놈들보다 얼매나 홀가분하노…." (2부 1권(5권) 204쪽)

길상에게 하는 말이다. 위로하는 김 훈장에게도 이렇게 이야기한다.

> "…피 냄새를 맡고 뫼까매귀가 따라 안 옵니까? 사람이 어리석어서 겁을 내는 기라요. (중략) 내가 죽으면 저 까마귀 놈이 파묵을 기고요, 육신이란 본래 그런 거 아니겄십니까? (중략) 육신에 속아서 사람은 죽는다고 생각하는 기라요. 불쌍한 인생들, 나는 죽는 기이 아입니다. 가는 기라요. 육신을 헌 옷같이 벗어부리믄 그만인데, 내사마, 헐헐 날아서 가는 기라요. 뒤도 안 돌아보고 가는 기라요. 거기 가믄 양반도 없고 상놈도 없고 부재도 없고 빈자도 없고 불쌍한 과부도 없고 홀애비도 없고 부모 잃은 자석도 없고 자석 잃은 부모도 없고 왜놈도 조선놈도 없고… 그랬이믄 얼매나 좋겠소? 그라믄 나는 콧노래나 부르믄서 집이나 지울라누마요." (2부 1권(5권) 205쪽)

그가 바라는 세상이 그런 세상일 터였다. 한 번 더 사회과학의 도식을 흉내 내자면 계급해방, 민족해방, 젠더해방의 세상이라 할 수 있다. 목수로서 매인 데 없이 살고자 했던 윤보의 자유가 소생산자로서의 자유였다면 이를 넘는 해방 세상을 그렸다고 다시 한번 도식을 빌려 말할 수도 있으리라.

박경리 선생 자신은 지리산 산사람 해도사의 입을 통해 좋은 세상을 묘사한다. 그는 식민지 조선이 일제에서 해방되면 그다음은 사회주의 사회를 건설해야 한다고 열정을 사르는 젊은 지식인 이범호를 향해 말한다.

"…결국은 태어난 생명들이 다 고르게 배불리 먹을 수 있고 무리에서 따돌림받지 않고 업신여김을 받지 않고 복되게 사는 것을 꿈꾼 것이 어디 오늘만의 염원이던가? 그것이 어디 사람만의 염원이던가? 천지 만물 생명 있는 일체의 염원 아니겠는가? 하낫도 새삼스러울 것이 없지. 사람의 경우 그러기 위하여 정치의 형태가 달라져야 한다는 그 자각도 변함없이 내려온 것이고 보면 동과 서의 차이가 뭐 그리 대단할꼬…. 정치의 형태가 달라져야 한다는 염원이 우리나라에서는 진작부터 백성들에 의해 폭발했었다는 일을 서양 사회주의 하는 젊은이들이 깡그리 잊고 있는 것이 나로선 안타깝네." (5부 3권(19권) 348~349쪽)

1980년대식 표현으로 치면 '해방 세상'일 텐데, 그러나 역시 개념 짓기의 한계일까? 그 경우 윤보의 저 피 냄새 밴 뜨거운 가락에서는 피와 살이 사라진 듯 재가 되어버린 듯 앙상하고 메마른 느낌이 난다. 어쨌거나 본래 '아무 곳에도 존재하지 않는다(no place)'라는 뜻을 지닌 유토피아(U-topia)가 되었든, 기독교의 '천년왕국'이든 불가의 '미륵 세상'이든 아마도 미욱한 인간이 다다르지 못할, 그래서 오히려 더 꿈꾸는 그런 세상, 각자의 생전에 이루지 못한다 하더라도 그런 세상을 향해 저마다 한 걸음이라도 다가가고자 몸부림치면서 조금씩 세상이 나아지는 그런 갈망인 것이다. 그러나 윤보의 저 갈망은 죽음의 순간에조차 얼마나 넉넉하고 심지어 유머러스한가!

1980년대 운동 가요 중에도 비슷한 것이 있다.

간밤에 꿈속에서 하늘나라에 갔죠
하늘나라 모든 공장은 황금빛으로 지어졌죠
대리석으로 만든 공장 황금으로 만든 기계
그 아무도 지치지 않고 그 아무도 늙지 않네 (출처 미상)

4박자의 단순한 장조 가락이어서 지금도 혼자 흥얼거리는 노래다. 동화같이 단순하고 순진무구한 노래이기는 하나 어찌 윤보의 저 여유 만만한 가락에 비할까.

길상은 윤보의 죽음을 회상하며 "웃으며 갔다. 참으로 그는 의인(義人)이었다."라고 말한다. '천심으로 살다가 천심으로 떠난 사람'이라는 것이다.

『조선왕조실록』이나 『승정원일기』 같은 찬란한 기록 문화의 유산을 전수받은 우리, 조선왕조가 동서고금의 왕조사에 유례가 없는

500년 역사를 지탱할 수 있었던 것은 변혁보다는 기존 질서 수호에 가치를 둔 유교적 보수주의에 기인한다고도 하지만, 특히 개항의 요구가 밀어닥치는 19세기 말을 부패한 세도정치의 당파 싸움으로 허송함으로써 우리의 근대는 식민지 지배로 굴절되기에 이른다.

반면, 영국은 자국의 힘을 바탕으로 근대의 문을 열어젖혔다. 그래서일까, 빅토리아 시대를 회고하는 영국의 많은 문학작품과 드라마, 예컨대 영국 안팎에서 인기를 끌었던 iTV의 〈다운튼 애비(Downton Abbey)〉 시리즈는 6부작 전편이 60여 편에 이르는 대하드라마인데, 저물어가는 귀족의 시대와 새로이 등장하는 부르주아·노동자의 시대를 각 계급의 고유한 덕성을 통해 두루 여유 있게 보여준다. 보어전쟁을 비롯해 인도에서의 식민 만행 등 영국의 근대사야말로 피비린내 나는 것일 테지만, 빅토리아 시대를 향한 이런 회고는 자국 근대 문명에 대한 영국인들의 자부심을 자연스럽게 드러내고 있다.

무릇 모든 문학작품은 읽는 이들 저마다의 사유 속에서 제각기 해석되기 마련이라는데, 프루스트의 『잃어버린 시간을 찾아서』 역시 시간 속에 풍화해버리는 사건들과 기억들을 세밀히 재현함으로써 실인즉 잃어버린 시간을 복구하거니와 동시에 그 자체로 귀족들의 시대에서 평민들의 시대로 넘어가는 프랑스 사회의 연대기 같은 묘사를 펼쳐 보이는 대작이다.

이들과는 달리 식민지로서 외압을 통해 근대화를 경험한 우리네, 그래서 그들과 똑같을 수는 없지만 그래서 더더욱 역사의 결이 두텁고 풍부할 수도 있는 우리네의 근대화 여정을 박경리 선생은 『토지』에서 뜨겁게 펼쳐 보인다. 청백리 이 부사 댁 상현의 말대로 500여 년을 버텨온 지배계급인 양반이 "썩은 무말랭이가 되었다." 지만, 그래서 동학 접주 김개주나 백정의 사위 관수가 증오하고 목수 윤보가 조롱하지만, 박경리 작가는 상현의 부친 이동진을 통해 그 몰락해가는 조선 반가(班家)의 아름다움을 조명하고 있다.

『토지』에서 개명 바람을 타고 온 개화파, 남 먼저 단발하고 남 먼저 서양의 홀태바지를 입은 조준구는 훗날 친일의 앞잡이가 된다. 그런 그가 향촌의 선비 이동진을 첫 대면했을 때 "단발령 하나 가지고 나라 안이 발칵 뒤집힌대서야 남들 보기에는 딱하고 어릿광대스럽다."면서 짐짓 이동진을 조롱하고, 이에 이동진은 점잖게 응수한다. 두 사람의 대화를 보자.

조준구 "향촌의 선비들이 소생을 보기를 짐승 보듯 하더이다. 이래 가지고 어느 세월에 개명하겠소? (중략) 옹졸한 양반님네들 예의지국 이라 뽐내봐야 그네들 눈에 미개한 나라의 기괴한 구경거리로밖엔 안 보이니까요."

이동진 "원래 예의범절이란 편리한 거는 못 되는 게요. 윤리 도덕이 라는 것도 거추장스러운 거지요. 우리네 의관 모양으로." (1부 1권(1권) 206~207쪽)

이처럼 전통문화에 대한 세심한 애정도 애정이거니와 사실 작가 박경리는 미학적으로 매우 섬세한 사람이 아닌가 싶다. 『토지』의 미학과 관련해서도 뒤에 다시 이야기하겠지만, 통영에 있는 박경리 문학관에 들렀을 때 1960년대의 어느 날 무슨 문학상을 받는 작가의 사진을 보았다. 사진에서 박경리 작가는 그 시대에 이미 검은색 민소매 원피스를 입고 있었는데, 『토지』에서도 그는 섬진강의 아름다움, 지리산의 풍경, 또 그 밖의 장면에서 "유록색 전을 두른 꽃신"이라든지 분홍색의 "은조사 깨끼적삼", "갈매빛 저고리" 등과 같이 지금은 잃어버린 빛깔을 묘사하는 우리네 옛말을 불러내 한복 차림을 실제로 눈으로 보는 것같이 생생하게 설명한다. 그런가 하면 회색 바지에 남색 대님을 쳤다든지, 무색 바지저고리에 녹색 염낭을 찼다든지 하는 식으로 남정네 차림을 묘사하고, 흰 모시 치마저고리에 비취반지를 대비시킨다든지 하면서 유려한 우리네 빛깔을 은은하면서도 격조 있게 풀어나가는 것이다!

　　그중에서도 섬진강을 배경으로 이동진의 도포 자락이 펄럭이는 풍경은 여러 가지로 은유적이다. 최치수를 방문하고서 돌아가는 길에 나루터에서 최 참판 댁 작인의 딸 선이의 신행 일행과 마주치자 그들의 행사에 폐가 되지 않도록 자신은 육로로 가겠노라며 말에 오르는 장면이다. 박경리 작가는 섬진강 저쪽 서산에 해가 뉘엿뉘엿 지고 있는데 이를 배경으로 말에 오르는 이동진의 하얀 도포 자락이 펄럭였다고 그 광경을 묘사한다. 양반님네의 의관을 묘사할 때도 "칠빛같이 윤이 나는 검은 갓에 눈이 부시게 흰 도포 자락이 놀을 받아 아름다웠다."라고 하지 않던가! 한 폭의 풍경화를, 정지된 듯 느린 화면의 영화 한 장면을 보는 것만 같은 인상을 남기는 묘사가 아닐 수 없다.

서희의 미모를 거의 '순정 만화' 수준으로 찬탄하는 것이나 김환의 탁월함을 너무도 완벽하게 묘사하는 것이나 상업적이고 선정적이랄까, 나로서는 영 거북한 대목이 없는 것도 아니다. 또한 죄송스러운 표현이지만, 특히 후반부에 이르러 훈계조의 장광설과 소설이 아니라 논문과도 같은 식민지 지배에 대한 생경한 논설이 문단 구분도 없이 몇 페이지씩 이어지는 부분들도 마뜩잖다. 그래서 내가 좋아하는 한 선배는 최서희 일행이 간도에서 돌아오는 2부까지로 『토지』를 마무리했어야 한다고도 말한다. 하지만 글쎄? 문학적 완성도에서는 그럴지 모르겠으나 그랬다면 그 이후 한복이나 영팔 같은 민초들의 존엄한 삶을 엮어내는 박경리 선생의 그 주옥같은 문장들을 만나지 못했으리.

무엇보다 박경리 선생의 『토지』는 내가 속한 나라와 민족을 여러 방면으로 되돌아보게 해주는 대작이다. 20여 권에 달하는 그 스케일도 스케일이려니와 양반은 양반대로 상민은 상민대로, 무녀나 떠돌이 유랑민에 이르기까지, 각자가 처한 위치에서 스스로 인간이 인간인 소이(所以)를 지니고서 치열하게 자기 존엄을 지키려 시대를 버텨내는 수백여 등장인물 한 사람 한 사람에 대한 작가 박경리의 그 피 어린 애정을 허투루 흘려 볼 수는 없는 노릇이다.

셰익스피어의 고향 스트랫퍼드어폰에이번에서는 관광객들에

게 셰익스피어의 연극 대본을 나누어주고 즉석에서 배역을 정해 연극을 공연하곤 한다. 영국 TV의 통속극이나 가벼운 시트콤, 수사 드라마 곳곳에서도 셰익스피어가 인용된다. 내 영국 친구는 전공이 정치경제학이었는데도 셰익스피어의 『소네트(Sonnet)』를 끼고 살면서 이런저런 편지에 그의 시구(詩句)들을 인용하곤 했다.

어디 셰익스피어뿐인가. 영국 시골 마을을 여행하다 보면 시인 누구누구가 태어난 곳, 몇 년도에서 몇 년도까지 묵었던 곳 등등 저마다의 이름을 달고서 작가의 작품 속 구절을 새긴 손수건이며 테이블보 같은 기념품들을 파는 크고 작은 박물관과 아기자기한 기념품 가게, 카페를 숱하게 만나볼 수 있다. 관광객 입장에서도 잠시 시구를 읽으며 생각에 잠겨보는 휴지(休止)의 시간, 힐링의 시간이 뜻깊어 여행의 풍미가 새롭다.

하기야 자국의 작가에 대한 영국인들의 애정과 천착은 유난하달까, 생활화되어 있달까, 심지어 〈모스 경감〉 시리즈나 〈미드 썸머〉 같은 수사극에서도 밀턴의 『실락원』을 인용한다든지, 툭하면 제인 오스틴의 『오만과 편견』에 등장하는 극성스러운 시골 귀족 부인 '베네트 부인'을 비유한다든지 하니까. 영화화되어 세계적으로 히트를 친 헬렌 필딩의 대중소설 『브리짓 존스의 일기』에서는 휴 그랜트가 연기한 바람둥이 다니엘이 버지니아 울프의 소설 『댈러웨이 부인』을 짐짓 빗대어, "댈러웨이 부인이 아주 음탕한 여자라는 건 잘 아시죠?" 하던가.

허 참, 아무려나 우리 작가들에 대한 애정과 대접이 이 정도이면 얼마나 좋을까. 박경리 선생이라면 하동의 박경리 문학관, 통영의 박경리 기념관, 원주의 토지 문화관 등이 있어서 그나마 체면은 세우고 있지만, 우리나라 작가들의 작품에 나오는 장소를 기리고 좋은 의미에서 대중화, 상업화한다면 어떨까 생각해본다. 업그레이드된 서비스 산업, 문화산업이라고나 할까?

이들 산업은 제조업에 비해 특히나 선진국에 뒤떨어져 있으니 21세기 새로운 성장 동력으로, 전략적 육성 산업으로 키워보면 어떨까 생각하게 만든다.

개인적으로 나는 박경리 작가의 『토지』를 읽고서 섬진강을 그리워했고, 진주 남강이며 본성동이라는 동네 이름도 『토지』에서 읽고 괜스레 정겨웠더랬다. 몇 년 전 용정에 갔을 때도 만주로 떠난 최서희 일행이 머물던 자취를 찾느라 마음이 설렜다.

최서희가 표상하는 바 자긍심 높은 조선 시대 반가의 여식으로서 그 엄청난 문벌을 짊어지고서 식민지 지배의 근대를 헤쳐 여전히 자신의 존엄을 지켜나가고자 하는 과정일 것이다. 그것은 근대를 통과하면서 우리가 일찍이 대수롭지 않게 건너뛰고 생략해버린 우리의 태생일 터. 비록 흠집투성이일지라도 오히려 그렇기에 더욱 뿌리 깊이 각인되어 있으면서도 그 부끄러운 흠집들을 핑계로 쉽게 팽개치고 굳이 캐내고 싶지 않은 기억 속으로 묻어버린 그 오욕의 근대에 대한 치열한 반추. 부끄러우면 부끄러운 대로 그 태생의 기반을 치열하게 캐고 물어 오늘로 연결 짓는 일이야말로 우리가 바라는 미래를 위한 출발이 아닐까 싶다.

3대만 거슬러 올라가면 친일 경력이나 좌익 경력이 나오기 때문에 한국에는 '노블레스 오블리주'가 없다고 흔히들 시니컬하게 말하곤 하지만, 우리의 그 통한의 굴곡을 반추해 우리 아이들에게 물려줄 무엇인가를 걸러내고 싶은 마음이 어찌 없을 수 있겠는가. '노블레스 오블리주'는 없고 이른바 '보참비(보수를 참칭하는 비리 세력)'만 난무한다는 오늘날, 보수가 품격을 지켜내지 못해 진보 또한 찌질이 카타르시스에 그칠 뿐일까?

　　서로 입장이 다르다 해도 그 차이에서 역사를 승화하는 자기 훈련과 기강의 내력을 갖춘다면 여기저기 어지럽고 천박한 현장에서도 진실로 소중하게 간직해야 할 그 무엇인가를 우리의 태생에서 찾아낼 수 있지 않을까?

　　박경리 작가는 『토지』에서 김환의 입을 빌려, "모든 중생이 마음으로 육신으로 진실로 빈자이니 쉬어 갈 고개가 대자(大慈)요 사랑이요 인(仁)이라, 쉬어 갈 고개도 없는 저 안일 지옥의 무리들이 어찌하여 사람이며 생명이겠는가."라고 말한다. 그리하여 그는 죽은 김환을 그리며 회한에 번뇌하는 동지이자 아우인 강쇠에게 환영을 통해 "마음으로 육신으로 고통받는 자만이 누더기를 벗고 깨끗해질 것이니… 고달픈 육신을 탓하지 마라. 고통의 무거운 짐을 벗으려 하지 마라."라고 이야기한다.

　　이렇듯 만물은 본디 혼자이며 기쁨이란 잠시, 또 잠시 쉬어 가는 고개요, 슬픔만이 끝없는 길인데, 그 고행의 인생에서 고통받는 자들의 영혼만이 맑은 영혼이요, 뱃가죽에 비계 낀 저 눈물 없는 무리들의 영혼이 어찌 맑을 수 있겠느냐고 박경리 작가는 묻는 것이다.

　그러므로 개인은 물론이거니와 민족도 계급도 이름 다른 또 다른 어떤 집단도 고통과 오욕을 아로새기며 슬픔을 가다듬는 그 고난의 위대함을 벼리어내야 비로소 존엄한 유토피아에 한 발 다가갈 수 있을 것이다.

2
가난하면서도 도(道)를 즐기고
부유하면서도 예(禮)를 좋아하는

　　10여 년 전 인도에 갔을 때다. 빈민가 한가운데에 으리으리한 저택이 들어앉아 있는 것이 의아했다. 현지 가이드의 설명인즉 인도인들은 내세를 믿기 때문에 지금 당신이 부자여도 내세에는 내가 부자일 수 있고, 또한 전생에는 내가 부자였을 수 있다고 생각해서 부자에 대한 반감이나 빈부 간의 위화감이 그렇게 크지 않단다.

　　글쎄, 가이드의 말이 썩 신뢰할 만한지 모르겠으나 나는 엉뚱하게도 만일 그렇다면 빈부 격차에 대한 우리의 반감이 오히려 다행일 수 있겠다는 생각이 들었었다. 그런 적극적 감정과 태도가 경제 사회 발전의 원동력일 수 있겠다는 생각이 들었던 까닭이다. 하기야 21세기 인도는 중국과 더불어 세계경제의 고도성장을 이끌어갈 것으로 주목받는 인구 대국이다.

　　내세사상을 믿든 안 믿든 인도도 이제 거대한 전환의 한복판으로 들어서고 있으니 빈자와 부자가 어울려 살던 그 풍경도 격랑 속에 휩쓸리고 있지 않을지.

인도에서 또 한 가지 불편했던 것은 첸나이 출장길에 들렀던 근처 오르빌이라는 공동체 마을이었다. 호주, 프랑스, 독일, 미국 등 각국에서 온 사람들이 지역 주민들과 함께 농산물 공산품을 자급자족하거나 협동조합을 통해 거래하는 생태 공동체였다. 그런데 어쩐지 나는 지금 인도에 필요한 게 저런 모델일까 하는 의구심을 좀처럼 떨쳐버릴 수 없었다. 옷차림부터 장발의 머리까지 매인 데 없이 자유분방해 보이는 백인 젊은이가 특히 많았는데, 자기네들이야 언제고 돌아갈 수 있는 잘사는 제 나라가 있으니 못사는 인도에 와서 저 좋다고 여유롭게 실험을 하고 있다는 생각도 들고, 마음이 영 편치 않았다. 역시나 내 인문학적 상상력이 부실한 탓이거나 경제학자들 특유의 경제주의적 사고에 젖은 탓이었으리라.

이처럼 경제학을 전공했으니 아무래도 물질적 후생에 관심이 갈 수밖에 없다. 『논어』의 맨 첫 편 「학이편(學而篇)」에서 공자는 자신의 제자 중 가장 부유했던 자공과 대화하는 자리에서 "가난하면서도 도(道)를 즐기고 부유하면서도 예(禮)를 좋아하는" 세상을 칭송한다. 나는 어설픈 경제학도답게 이 대목에서도 '일정 수준의, 혹은 최소한의 물질적 조건이 갖추어져야 저런 말도 할 수 있겠지.' 하는 생각이 들었다.

『토지』에서 흉년이 들어 마을에 굶어 죽는 사람이 속출했을 때 곰보 목수 윤보는 밤중에 어린 서희를 앞세워 최 참판 댁 곡식 창고에서 구휼미를 내어 기민 구제에 나선다. 이 소식을 듣고 최 참판 댁 재물의 실권을 쥐고 있던 조준구가 달려 나와 시비가 붙는데, 조준구의 "도적 떼"라는 호통에 윤보가 "굶는 놈이 어찌 염치를 알겠십니까." 하고 대꾸한다. 거기에 더해 그는 슬쩍 겁박까지 하는 것이다. "허기 든 눈까리에는 사람도 소개기로 보이고 떡 덩어리로 뵌다 안캅니까."

흉년의 굶주림이 참으로 실감 나는 대목이다.

공자가 당대로서는 나름의 혁명가였다고 평가하는 이들도 있지만, 세계사에서 유례가 드물게 긴 '조선왕조 500년'의 역사가 실인즉 유교의 보수주의 덕에 가능했다고도 하니, 어쩌면 이러한 『논어』의 말씀 역시 현실 안주의 안빈낙도(安貧樂道), 그런 보수주의의 연장선상에서 읽을 수도 있을 것이다.

그런데 세상을 바꾸기 위해 '치열하되 그 과정에서 당장 바뀌지 않을 오늘 어떻게 자신의 삶을 다스릴 것인가?'라는 물음은 처세의 문제이면서 동시에 고통 속에서도 자신의 존엄을 무너뜨리지 않으려는 존재의 존엄, 그 평정심의 기율이기도 하리라.

예를 들면 미국과 소련의 냉전이 최고조에 이른 1957년, 어쩌다가 동서 간 포로 교환 협상에 나서게 된 민간인 보험 전문 변호사(톰 행크스 분)의 비밀 협상 과정을 그린 스티븐 스필버그 감독의 영화 〈스파이 브릿지(Bridge of Spies, 2015)〉에서 소련 스파이로 분한 마크 라이런스가 반복해서 하는 대사는 "Would it help?"다. "그런다고 무슨 소용이 있나?"쯤으로 번역될 텐데, 직역을 해서 "그게 도움이 되나?"로 들으면 영화에서의 의미가 좀 더 살아난다.

미국 내에서 스파이 행위를 하다가 잡혔을 때도, 포로 교환으로 조국 러시아에 돌아간들 미국에서의 반역 행위를 심문 받는 과정에서 어떤 고초가 따를지 모르는 암담한 상황에서도, 그의 표정은 한결같다.

톰 행크스가 "당신은 별로 걱정이 안 되는 것 같다."라며 의아해하자 역시나 무표정한 얼굴로 반문하는 대사는 "Would it help?"다. 요컨대, 걱정한다고 도움이 되나? 절박한 순간에도 표정을 허물지 않는 마크 라이런스의 연기가 일품이었다.

영국 배우인 마크 라이런스가 워낙 그런 연기에 강하다. 한국에서는 헨리 8세의 자문역 크롬웰로 분하여 정적들을 냉혹하게 제거하는 드라마 시리즈 〈울프 홀(Wolf Hall)〉로 알려져 있는 배우다. 영드(영국 드라마)를 잘 안 보는 사람이라면 얼마 전 개봉한 크리스토퍼 놀란 감독의 영화 〈덩케르크(Dunkirk, 2017)〉에서 크고 작은 배를 가진 여러 시민들과 함께 자신의 작은 낚싯배를 이끌고 10대 아들과 덩케르크에 고립된 연합군 병사들을 구하러 영불해협(도버해협)을 건너는, 영국 시민 도슨으로 분한 배우가 바로 마크 라이런스다. 두 영화 모두에서 역시나 그 무표정한 연기가 압권이다.

시인 김수영(1921~1968)은 그의 시 「어느 날 고궁을 나오면서(1965)」에서,

왜 나는 조그마한 일에만 분개하는가

저 왕궁 대신에, 왕궁의 음탕 대신에

오십 원짜리 갈비가 기름 덩어리만 나왔다고 분개하고

옹졸하게 분개하고 설렁탕집 돼지 같은 주인 년한테 욕을 하고

옹졸하게 욕을 하고

라고 탄식했다지만 실상 우리는 '기름 덩어리만 나오는 갈비'의 속임수, 불쾌하기 짝이 없는 '돼지 같은 설렁탕집 주인 년'의 불친절에 하루를 잡치고 그러다가 인생에 좌절하기 일쑤다. 이런저런 거대 담론의 위로나 희망의 속삭임에도 불구하고 때로는 이런 미시적인 일상에서 좌절하기 마련이니까.

아니, 그보다, 구멍가게 종업원이나 식당 여주인은 화낼 가치나 대상도 못 된단 말인가? 그들에게 나름의 자존감을 기대하면 안 되는 것인가? 이를테면 공자 왈, "가난하면서도 도를 즐기고 부유하면서도 예를 좋아하는" 그런 자존감을 기대해서는 안 된단 말인가? 하기야 사흘만 굶으면 공자님도 남의 집 담을 넘는다지 않는가. 그게 쉽지 않으니 예부터 옳기만 한 이야기를 하면 "공자님 말씀 같은 소리 하네." 하며들 비웃었겠지.

그래도, 아니, 그렇기에 더더욱, '가난하면서도 도를 즐기고 부유하면서도 예를 좋아하는 경지'는 당장 오늘의 우리를 위해 실용적으로도 필요한 지혜가 아닐까 싶다. 곤궁한 나날의 피폐함에 무너지지 않기 위해서라도, 매일매일 우리의 존엄을 짓뭉개는 온갖 세속의 양아치로부터 나 자신을 지키기 위해서라도 이런 유유자적

의 자기방어, 그런 여유의 품격이 필요하지 않을는지.

평소 선량하고 성격 느긋한 내 친구는 부동산 전매에 갭 투자에 시세차익을 수억여 원 남겼느니 저마다 떠들어대는 동창 모임에 다녀와서 말했다.

"잘 차린 잔칫집에 가서 나만 못 먹고 온 기분이야."

역시나 태평스런 성품에 낙천파인 다른 친구가 위로했다.

"넌 어차피 그런 '빠꼼이' 못 돼. 어디 마땅한 물건 없나 눈에 불을 켜고 노려야 할 텐데, 그거 아무나 하는 줄 아니?"

위로가 아니라 핀잔처럼 들렸는지 친구는 울상이 되어 이렇게 말했다.

"누가 차익 바란대? 손해나 안 봤으면 해서 그러지!"

다들 차익을 실현했다는데 나는 못 그랬으면 손해 본 게 되는 그런 부동산 시대를 우리는 살아온 셈이던가. 내 태생대로 살아왔고 남 손해 보는 만큼 나도 손해 보고, 남 하는 만큼 크게 이익은 못 남겼어도 내 집 한 채는 건사하고 애들 키우면서 잘 살아왔지, 라고 생각할 수 있으려면 도대체 얼마만큼 대단한 자기 철학과 수양이 필요한 것이란 말인가.

『토지』에서 최치수의 재산을 탐내 종년 귀녀와 짜고 그를 살해하는 김평산. 그리고 그의 두 아들 중 형 거복은 밀정이 되어 고향에서 받은 '살인 죄인의 아들'이라는 수모를 갚겠노라고, 남들 보란 듯이 살아보겠노라고 이를 간다. 죽어서도 고향 땅은 밟지 않으리라는 그와 달리 동생 한복은 어머니 무덤이 있는 고향 평사리를 잊지 못해 쫓겨 간 외가가 있는 함양에서 그 먼 길을 어린 방랑자가 되어 자꾸만 옛집으로 찾아온다. 놀림을 당하고 천대를 당하면서도 자꾸 찾아온다. 그리고 결국 고향 평사리에 뿌리를 내린다. 박경리 작가는 그런 그를 "30년이 넘는 세월을 그는 도망가지 않았고 수없이 갈아대는 칼날 밑에 수더분한 본래 그 모습대로 숫돌이 되어 살아온 것이다."라고 묘사한다.

슬프고도 처연하고, 그러나 또 얼마나 아름다운 한 인간의 삶인가. 그리하여 그는 밀정이 된 형 거복의 덕을 보고자 하는 자신의 아들에게 비로소 말할 수 있었을 것이다. "길 아닌 길에서 부자 되고 출세하고 그기이 얼매나 가겠노, 살아보이 세상에는 공것이란 하나 없다."

그런가 하면 나라가 일본의 식민지로 떨어졌을 때 목수 윤보를 따라 조준구의 고방을 습격하고 의병이 되었다가 만주로 피신할 수밖에 없었던 평사리 농민 영팔이 있다. 이제 그 영팔 노인은 식구들을 이끌고 통포슬의 '되놈(청인)' 땅을 부쳐 먹으며 부모 무덤의 풀을 누가 깎아줄까 보냐고 고향을 그리며 운다. 평사리 땅의 그 평범한 농민의 일생을 박경리 작가는 이렇게 회고한다.

찬란한 명리(名利)의 정상에서도 인생은 후회스러운 것, 그러나 영팔 노인에겐 후회가 없을 것만 같다. 나 먼저 가려고 남을 떠밀며 가는 숱한 사람들 속에, 와 이라노, 와 이리 떠미노 하며 걸어왔을 바보 같은 생애에서 얻은 것은 삼간두옥(三間斗屋), 잃지 않았던 것은 자식들과 어리석은 노처(老妻)뿐이지만 술수와 기만과 간지로 쌓아 올린 허울 같은 곳에 간신히 몸 붙인 외로운 사람에 비하면 또박또박 연륜을 새긴 한 그루 실한 나무, 생명을 짓이기지는 아니하였으리. 후회가 없을 것 같은 것은 그 청정함 때문이었다. (4부 1권(13권) 312쪽)

그래서 생애의 늘그막에 영팔 노인은 이렇게 말할 수 있었을 것이다.

"나이 들어봐라, 재물 그거 별거 아니네라. 살아온 길을 돌아보고 돌아보고 하믄은 잘못한 거만 짐이 되제." (4부 3권(15권) 259쪽)

『노인과 바다(The Old Man and the Sea)』에서 헤밍웨이는 구석진 쿠바 어촌의 보잘것없는 늙은 어부 산티아고를 통해 고독한 인간이 고난과 시련에 맞서 어떻게 자기 존엄을 지켜내는지를 강렬한 바다빛깔이 연상되는 탁월한 미학적 문체로써 치열하게 보여준다. 하지만 어찌 한복과 영팔 노인의 요란하게 두드러지지 않으면서 존엄한 그 평생에 비할까.

"우리가 돈이 없지, 가오가 없나!" 그래, 그렇게들 배짱 좋게 말하며 힘든 고비 넘겨왔던 것처럼 더불어 잘 사는 세상을 만들고자 때로 싸우고 때로 버티되 거기에 이르기까지 "가난해도 도를 즐기고 부유해도 예를 좋아하는" 그런 이웃들이 되어야겠다. 그래야 언젠가 다들 부유해진 어떤 날에도 백화점 점원 무릎 꿇려가며 갑질

하지 않는, 부하 직원한테 물컵 던져가며 막말하지 않는, 압도적 다
수가 임금 비용 줄인다고 돌연 경비원 해고에 찬성표를 던져도 나
는 반대표를 던졌다는 1000여 명 압구정동 어느 아파트 주민들처
럼, 부유해도 예를 좋아하는 그런 이웃들, 그런 나라가 되리라.

3
부자에게 복지를!:
최서희를 위하여

『토지』에서 최서희는 엄청난 자산을 쌓고서도 어린 두 아들을 위해 근심한다. 친일의 제스처도 마다하지 않고 만주의 미두(米豆) 교역을 통해 재물을 모은 그는 고향으로 돌아갈 날을 다지며 "내 귀여운 것들, 너희들을 말 귀에 달고서 만주 땅을 헤맬 순 없다!"라고 맹세한다.

"천 냥 가진 사람 천 가지 근심, 한 냥 가진 사람 한 가지 근심"이라고, 최서희는 자신이 여차하는 날엔 최 참판 댁의 어마어마한 재물 위에 어린 아들 형제가 오도카니 올라앉아 이 사람 저 사람한테 휘둘리는 망상, 그런 공포에 끊임없이 시달린다. 실제로 고아가 된 어린 시절 그는 외척 되는 조준구에게 집과 재물을 모조리 빼앗기고 만주로 피신했었으니.

그래, 나라 없는 백성이 아무리 재물이 많다 한들 어찌 편한 잠을 잘 수 있었으랴. 식민지가 아니라도 약소국 백성 역시 크게 다르지 않을 것이다. 국가의 기원 자체가 지배계급의 이익을 지켜주기 위함이라고 하고, 그래서 원시공동체 이후 계급사회가 생겨난 이래 역사상의 모든 국가는 사유재산 보호를 가장 중요한 원칙 중의 하나로 삼고 있다. 그도 그럴 것이 하늘에서 떨어진 천사나 성인이 아닌 이상 모두들 내 자식 잘 먹이고 재물 물려줄 생각에 허리띠를 졸라매가며 열심히 일하지, 사해동포 골고루 잘 먹고 잘살자고 그토록 열심히 일하겠는가. "이 세상 제일 기분 좋은 소리는 내 자식 목구멍에 밥 넘어가는 소리"라지 않던가. 그런 피나는 노력의 대가인 사유재산을 보호한다는 것, 법적인 명백한 절차 없이는 국민의 생명과 재산을 함부로 훼손하지 않는다는 근대국가의 섭리, 그것은 누가 뭐래도 근대 이성과 문명의 중요한 승리일 것이다.

나라 잃은 백성이어서 염치도 잃었을까? 그래서 '부자의 품격'을 갖추기 어려웠을까? 흔히 외국 부자들은 기부도 잘 하고 죽을 때 자신에게 돈을 벌게 해준 사회에 재산 환원도 잘 하는데 한국 부자들은 '갑질'이나 하고 제 욕심만 차린다고 졸부 취급을 한다.

하기야 긴 식민지 지배와 분단을 거치고 다시 동족상잔의 전쟁을 겪으며 근대를 통과해온 대한민국에서는 아무리 재물을 쌓은 부자라 할지라도 미래에 대한 불안에서 자유로울 수 없었을 터. 정경유착 속에 덩치를 키운 재벌들 역시 곡예를 하듯 정치권 눈치를 봐야 하는 상황의 정치 불안에서 자유로울 수 없었을 것이다.

앞선 세대의 이런 기막힌 세월들을 거쳐 고도성장기를 통과하고, 이제 대한민국은 품격 있는 선진국으로의 진입을 좌우하는 또 다른 역사의 길목에 서 있다. 이 길목에서 교육과 복지가 강조되는 이유는 그것이 부자든 빈자든 미래 세대의 지속 가능한 발전을 약속하는 가장 확실한 투자이기 때문일 것이다.

복지와 경제 활성화가 양립 불가능하다고 보는 이들이 있지만, 이는 아마도 경제가 어려울 때 복지 지출이 더 늘어나는 데서 오는 착시 현상일 것이다. 한 연구에 따르면, 우리나라의 경우 대체로 복지 지출이 5퍼센트 늘어날 때 경제성장률이 1퍼센트 정도 늘어난다고 한다. 사회복지 서비스는 또한 고용 창출 효과도 커서, 제조업의 고용 유발 계수가 6.8명, 건설업 14.7명, 서비스업 13.0명 등 전 산업 평균 9.8명인 데 비해 사회복지 서비스의 고용 유발 계수는 41.2명으로 조사된 바 있다. 시기별로 다르고 또 어떤 변수들을 넣느냐에 따라 다르겠으나, 복지가 시혜나 퍼주기가 아니라 성장 및 고용에 유의미한 사회적 투자임을 밝히는 실증 연구들이 계속 이어지고 있다.

그런가 하면 양극화가 심해지면서 우리 사회의 갈등 지수는 경제협력개발기구(OECD) 국가 중 종교 분쟁으로 시끄러운 터키 다음으로 높다는 보도도 있었다. 사회 갈등 지수를 10퍼센트 끌어내리면 경제성장률이 1.8~5.4퍼센트 증가한다는 통계조사도 있다. 이러한 갈등을 줄이는 사회 안전망으로서도 교육과 복지의 역할은 중요하다.

2018년 삼성경제연구소의 조사에 따르면, 우리나라는 이미 국내총생산(GDP)의 27퍼센트를 갈등 관리 비용에 쓰고 있다고 한다. 2009~2013년 OECD 29개국의 사회 갈등 지수와 경제성장의 관계

를 조사한 결과에 따르면, 사회 갈등 지수가 상승하면 1인당 GDP
가 하락하는 상관관계가 확인된다. 한국의 경우 사회적 갈등 수준
이 OECD 평균 수준으로 개선된다면, 실질 GDP는 0.2퍼센트포인트
정도 추가 상승할 것이라는 분석도 내놨다. 사회적 갈등 수준이 기
대만큼 완화된다면, 3퍼센트대 잠재성장률 달성도 가능하다는 얘
기다.[*]

4차 산업혁명의 21세기 대한민국은 농업, 제조업, 서비스업 등
모든 산업에서 새로운 창의와 상상력의 노동력을 필요로 하고 있
다. 교육과 복지는 창의적으로 도전하고 모험할 수 있는 최소한의
사회적 안전판이자 내수의 바탕이다. 그렇다면 우리는 지금 과도한
진영 논리와 빈부 갈등에서 벗어나 우리 아이들의 더 나은 미래를
담보할 중요한 길목에 서 있는 셈이다.

박근혜 정부 당시 무상 보육 및 무상급식 예산을 둘러싸고 중
앙정부와 지방자치단체 간에, 교육청과 지자체 간에 누가 그 재정
을 감당할 것인지 갈등이 첨예했을 때, 당시 김상곤 경기도 교육감
은 '미래 복지를 위한 사회적 합의체' 구성을 제안한 바 있다. 그는
2009년 경기도 교육감 보궐선거에서 무상급식을 공약으로 내걸고
당선된 뒤 저소득층 학생들에게만 무상급식을 제공할 것을 주장하
는 당시 도의회와 긴 논쟁을 거치면서 초등학교 5, 6학년 전 학생을
대상으로 보편적 무상급식을 관철시켰다. 이 과정에서 우리 사회에

---

[*]
'한국경제, 갈등을 극복하라'(아주경제, 2017. 8. 7.)

보편 복지 논쟁에 불을 지폈고, 그 장본인으로서 그는 당시 박근혜 대통령에게 "십자가를 지는 심정으로 복지 공약 준수와 증세에 나설 것"을 촉구했다.*

그런데도 여전히 복지를 '시혜'로 인식하는 이들이 있다. 복지란 사회의 역동성을 높이고, 미래를 지속 가능하게 하며, 그 구성원들의 삶의 질을 높이려는 사회적 관리 시스템이다. 소득이나 자산을 기준으로 복지 수혜자를 정하는 데는 행정 비용도 많이 들뿐더러 수혜 대상자가 되기 위한 비리 등 행정의 투명성을 확보하는 데도 비용이 든다. '보편 복지'냐 '선별 복지'냐를 둘러싼 논쟁마다 재벌 손자 이야기가 나오고 고소득 노년층 이야기가 나오지만, 보편 복지와 선별 복지가 그렇게 대립 관계(trade-off)에 있는 것도 아닐뿐더러, 능력별 과세를 통해 부자에게 그만큼 더 많은 세금을 부과한다면 이는 불필요한 논쟁이 되지 않을까?

다만 이른바 '부자 증세'는 자칫 부자가 빈자를 먹여 살리는 시혜로 복지를 오해할 수 있으므로 중산층까지 포함하는 '능력별 보편 증세'가 훨씬 높은 효과를 기대할 수 있을 것이다. 더욱이 한국은 다른 나라에 비해 너 나 할 것 없이 모두의 조세부담률이 매우 낮은 편이다. 그러므로 보편 증세를 바탕으로 무상급식이든 노인

*

김윤자, '부자에게 웬 복지냐고?'(여성신문, 2013. 10. 22.) 그 후 박근혜 전 대통령이 탄핵되고 국정 농단의 유죄판결을 받았으니 돌아보면 어차피 연목구어(緣木求魚)의 제안이었을까 싶기도 하다.

연금이든 대상자가 소득이나 자산에 관계없이 보편 복지의 수혜를 받게 하면 소득 조사 등의 행정 비용을 줄이고 기준을 둘러싼 비리, 시비 등 복지 투명성도 높일 수 있을 것으로 본다. 그리고 이 또한 무리하게 서두르기보다 국민들이 먼저 복지를 체험하고 공감하면서 자신과 아이들, 노부모 부양을 위해 기꺼이 더 내겠다고 하는 만큼씩 보편 증세를 늘려나가면 되지 않을까?

어마어마한 재물을 가졌음에도 어린 두 아들 걱정에 불안했던 최서희, 보험 들 듯 여권, 야권에 두루 정치헌금을 하면서 이리저리 정치권 눈치 보느라 나름대로 불안했을 오욕의 재벌가들, 2세, 3세로의 경영 상속을 위해 때로 비천하고 염치없는 꼼수의 무리수를 도모하는 기업인들…. 어차피 인생은 줄타기의 불안한 여정이라지만, 미래를 위해 너도나도 좀 더 과감하게 상상하고 도전하고 모험해야 한다는 4차 산업혁명의 오늘, 모험을 하다가 혹은 혁신적인 창업 투자를 하다가 여차하여 낙오하는 날에도 최소한의 사회적 연대의 안전망이 나를 받치고 있다는 사회적 신뢰가 높다면 우리의 모험과 도전은 좀 더 과감하고 적극적일 수 있지 않을까?

4
'386' 그 이후:
'아재'들의 품격을 위하여

99학번 친구하고 홍대 앞 재즈바에 갔다. '연식'이 오래된 내 주제를 보고 "물 버린다."고 문전에서 타박하지 않을까 약간 긴장, 머리가 허연 드럼 연주자를 보자 일단 안도. 이윽고 연주가 시작되었다. 우리 민요가 재즈 반주와 그토록 잘 어울릴 줄이야!

강렬한 재즈 반주에 가성(假聲)이 아닌 배 속에서 밀어내는 센 슈얼(관능적 혹은 육감적이라고 옮기기가 다 마땅찮네)한 '육성(肉聲)'으로 좌중을 사로잡는 민요 가수의 〈아리랑〉 메들리, 추임새와 합창으로 함께하며 삶의 고달픔을 어루만지는 평범한 직장인들의 저녁, 흑인들의 재즈와 우리의 민요 사이에는 확실히 상통하는 어떤 정열, 우수, 회한이 있다는 생각이 들었다.

『토지』에서 전라도 사내 주갑이 〈새타령〉을 부르는 장면이 있다.

쩌렁쩌렁 울리는가 하면 침통하게 내려오는, 자유자재로 굴리는 가락 가락—구만 리 장천을 나는 대붕새를 생각함인가, 만경창파 녹수상(綠 水上)에 원불 상리(願不相離) 원앙새를 생각함인가, 스르르 눈을 감고 눈꼬리에 한 줄기 눈물이 흐르듯. (2부 2권(6권) 32쪽)

구만 리 장천을 날갯죽지 하나로 날아가는 새의 기상과 회한이 절로 생각나는 대목 아닌가!

이제는 고등학교 졸업하고 열에 일곱, 여덟은 대학을 가는 세상 이라지만 학번으로 세대를 이야기하는 것은 여전히 조심스럽다. 더 욱이 한국 사회가 그나마 염치를 차리고 품격을 생각하기 시작한 것이 '고졸' 학력의 김대중, 노무현 두 대통령 시절 이후였음에랴.

다만, '386(이제는 586)'이라는 호명에 눌리어, 그들이 386으로 불 리던 그 30대의 시절이 다 지나가도록, 제대로 사회적 호명을 얻지 못하고 있는 바로 그다음 세대들 90년대 학번, 2000년대 초반 학번 들이 생각나서 조심스럽지만 '학번' 이야기를 꺼내보겠다.

중소기업을 들락거리다가 때때로 다시 알바로, 투잡이 아니라 스리잡, 대학 전공과 관계없이 이미 네댓 개의 직업을 넘나들고 있 는 젊은 '가장'들, 어찌어찌 취직은 했으나 언제까지 다닐 수 있을는 지 저녁엔 여전히 학원가를 전전하는 2000년대 학번들. 이들은 편 의점 알바한테 으레 반말을 던지는 '아저씨'들이 너무 싫다는 2015 학번 후배의 이야기를 듣다가 문득 자신들이 바로 그 아저씨들임을 깨닫고 당황하기 일쑤다.

잘나가는 직장에 다니지만 개인 시간이 없어 평일 한낮에 백화점 쇼핑하는 게 소원인 친구, 월급은 적어도 좋으니 어디든 다시 직장에 나가고 싶은 경단녀(경력 단절 여성) 젊은 엄마. 이들은 이제 맞벌이 아들딸네 집에 와서 손주 봐주고 어둑어둑한 길을 돌아가는 친정엄마의 뒷모습에 전에 없이 왈칵 눈물이 쏟아지는 인생의 그런 어귀에 들어서고 있다. 또한 이들은 유치원에 가는, 초·중학교에 입학하는 아이들을 보며 문득 목이 메는 경험을 하기도 한다. 스스로 '부모'인 것에 한편으로 두렵게 감동하고, 은퇴 후 부쩍 누추해진 아버지의 대책 없는 노후에 등짝이 뻐근해지는 '앞뒤가 캥거루' 같은 느낌 속에서 20대 연애 시절이나 철부지 신혼 초에 분해서, 슬퍼서 흘렸던 눈물과는 전혀 다른 눈물을 경험하고 있다.

'하면 된다'고 질타하는 산업화 세대와 '열정이 없다'고 나무라는 민주화 세대, 그 틈바구니에서 어느새 뒤따라온 2010년대 학번 후배들과 마주한다. 후배들은 선배들의 벙벙한 양복 패션을 보며 왜 저리 '아재'스럽냐고 웃음을 터뜨리면서도 막상 자신은 "내가 무엇을 하고 싶은지 모르겠다."라며 선배들의 얼굴을 올려다보고 있다. 한때 유행하던, 이제는 다소 식상하기까지 한 '멘토'라도 기대하듯이.

386 선배 세대를 향한 시선도 복잡하기는 마찬가지다. 학교 다닐 때 공부하고는 담 쌓고 '가투(가두 투쟁)' 나간다며 후배들 동원해 대리 시험으로 학점 펑크 막아내는 데 급급했던, 심지어 "야, 인마! 대리 시험을 그렇게 잘 쳐주면 어떡해? 그 과목만 A가 나왔잖아! 너

무 두드러져서 걱정이다."라며 대리 시험 잘 쳐준 '순진한' 후배를 무안 주며 닦달씩이나 하던 그들이 이런저런 자리에 상사로, 선배로 버티고 앉아 '빵(감옥)' 살고 '잠수(수배 도피)' 타던 80년대식 영웅담을 추억할 때 '그래, 민주화를 위해 싸웠으니 그럴 만하다.'라는 한 편의 경외와 곳곳에 그들 특유의 '스크럼'으로 끈끈한 인맥을 구축하고 서로서로 밀어주기를 하면서 후배들 키울 생각을 안 하는 그 왕성한 욕망에 분개가 교차한다.

90년대 학번이라고 '빵'에 다녀온 친구가 없으랴마는 386 선배가 짐짓 호기스럽게, "처음엔 생각 안 난다고 안 불고 버텼는데 물에 두어 번 담그고(물고문) 나니까 누구랑 어디서 뭘 했는지 분초까지 다 생각나더라고, 으하하. 나중에 알고 보니 거기가 바로 박종철이 '탁 치니까 억 하고 죽었다.'던 그 악명 높은 남영동 치안 분실이었더라!" 하고 다소 과장된 영웅담을 늘어놓을 때 일명 X세대라고 불리기도 했던 우리의 90년대 '영웅'은, "선배님들 덕분에 저희는 빵살이도 편하게 한 거네요. 저는 김대중 정부 때 들어갔으니까 국보법(국가보안법) 사범이었는데도 취조 받다가 허리 아프다고 테이블에 드러누워 막 개기고 그랬거든요, 히히. 나중엔 형사가 참다못해 '해도 해도 너무한다.'고 분통을 터뜨리더라고요, 하하하!" 하고 경쾌하게 응수한다. 옆에서 2000년대 학번 후배들은, "쳇, 독립운동이라도 하다가들 오신 모양이야." 하며 한편으로는 진보 '꼰대'들의 이야기려니 들어 넘기고 다른 한편으로는 서로의 어깨를 겯고 스크럼 짜고 심지어 사슬로 서로를 묶고 시위에 나서던, 시가전을 방불케 했다는 80년대의 그 치열함에 콤플렉스 같은 감정이 남는 것이다. 때로 그 치열함이 '자기들만의 나눠 먹기'로 치열하게 발현된다고 비판하면서도 말이다.

평균수명 100세 시대. 그래서 이제 인생은 육십부터, 불혹의 나이도 사십이 아니라 육십이라고들 한다. 그렇지만 어느 선거 캠프의 '청년' 조직을 오십 줄의 386 선배가 맡았다는 이야기를 듣는 지경이 되자, "어라? '청년'도 그들이면 우리 설 자리는? 우리도 후배들한테 이미 아줌마, 아저씨 소리 듣는데, 우리가 386한테 그랬듯 그들에게 '꼰대' 소리 들을까 눈치 보이는데⋯." 할 수밖에.

2016년 최순실 사태의 도화선이 되고 박근혜 탄핵의 시발점이 된 것은 이화여대 학생들의 '정유라 특혜' 비판이었다. 그런데 그들의 집회나 시위는 비장한 운동 가요로 결의를 다지던 선배들의 집회와는 사뭇 달랐다. 저마다 걸 그룹의 노래를 이어폰으로 들으며 흥얼거리고, 총장실 복도에서 시험 준비하느라 교재 들여다보며 이런저런 정담을 나누는 분위기 속에서 농성이며 집회를 이어갔다. 지도부는 방문객들을 안내하고 학생들에게 공지 사항을 전달하는, 뭐랄까, 실무 담당자 같은 역할이었다. 학생들은 그래서 오히려 힘을 비축하며 오래 버틸 수 있었다고도 말한다.

하기는 집회에 나갈 때마다 오늘 경찰에 잡혀갈 수도 있다는 각오를 해야만 했던 80년대의 비장함과 어떻게 결기가 같을 수 있겠는가. 역사가 제자리걸음을 한 것도 아닐 텐데 말이다. 그러니 오늘의 이런 집회 분위기 역시 어떤 점에서는 80년대 이후의 민주화

덕분이라고 해야 할까?

어쨌거나 과도한 이념이나 정치적 성향보다 상식이 짓밟히는 데서 오는 생활 속의 분노, 이를테면 정유라 건에 대해서도 "나는 지각할까 봐 지하철역에서부터 뛰는데 쟤는 출석도 안 하고 학점을 받아?" 하는 분노, 내가 발붙인 장에서 공정한 룰이 지켜지지 않는 데서 오는 당사자들의 목소리, 이런 것들이 모여서 그 추운 겨울 촛불 혁명을 만들어냈을 것이다.

성장률 목표치를 정해놓고 고지를 점령하듯 밀어붙이던 성장주의가 시들어가고 선악을 분명하게 그을 수 있던 군부독재 시절에 완고하게 저항했던 민주화 세대도 '꼰대'가 되어가고 있는 이즈음, 〈새타령〉과 재즈를 함께 즐기는 그 넉넉한 문화 민주주의의 감수성으로 생활 정치를 체득한 90년대, 2000년대 학번들이 드디어 사회적으로 호명을 받을 때가 아닐까 싶다. 386이니 하는, 이제는 다소간 '구린' 그런 네이밍(naming) 말고 그들에게 걸맞은 무언가 좀 더 발랄하고 유쾌한 이름으로 호명되기를! 그 뒤를 발랄한 21세기 학번들이 받치며 끌고 나아가기를!

5
'은퇴 빈곤'과 노년의 품격

맹자 왈, "무항산무항심(無恒産無恒心)"이랬다. 항산(恒産)이 있어야 항심(恒心)이 있다는 말이다. 이는 일정한 재산이 있어야 마음이 한결같다는, 요컨대 생활이 어느 정도 안정되지 않으면 바른 마음을 견지하기 어렵다는 뜻이다. 아무렴. 체모 잃은 가난의 참상을 여실히 그려낸 『토지』의 한 대목이 있다. 늙은 시어미가 손주들과 먹을 것을 다투는 체모 잃은 궁상이 서글프기 그지없는….

흉년의 공포에 한번 사로잡히기만 하면 농민들은 하늘도 땅도 믿지 않았고, 다정한 이웃, 핏줄이 얽힌 동기간도 믿지 않는다. 오직 수중에 있는 곡식만 믿는다.

"이년아! 시어미 밥그릇에 주개질(주걱질)할 적에는 니 손목때기에는 풍이 들제?"

"어디 누근든 배불리 묵십니까."

"으뭉 떨지 마라! … 내가 다 안다… 남들은 아들 낳아서 이팝에다 저 승길 닦을라꼬 절에도 간다카더라마는 우째 나는 접시만 한 창자도 못 채우는고? … 새끼들 눌은밥 들고 댕기는 것 내가 다 봤단 말이다."

"푸근네 집에서 참판 댁에 일해주고 얻어 온 눌은밥 한 덩이를 주길래."

"나신(낯선) 것을 얻어 왔이믄 새끼들한테만 옥지질이 나도록 퍼멕이 야 옳겄나?"

"그 여믄 것을 어무니가 우찌 잡숫것십니까."

"여물든 끓여서도 못 묵나?"

가난은 이런 것이며 굶주림엔 체모가 없는 것이다. (1부 3권(3권) 175~176쪽)

그래, 어디 농경시대 농민들뿐일까. 가난은 인간의 존엄을 팽개 치게 만든다. 그것도 늙어서의 가난임에랴.

옛시조에, "이고 진 저 늙은이 짐 벗어 나를 주오 / 늙기도 설어 라커든 짐을조차 지실까" 했다지만 나잇값으로라도 점잖아야 할 늙 은 나이의 가난은 당사자보다 보는 이가 더 서글프고 비참해지지 않던가.

보릿고개를 오래전 넘어선 만큼 풍경은 많이 달라졌으나 노년 의 소외와 가난은 여전히 문명국으로서의 체모를 깎아내리고 있다. 도시에서 더러 보는 풍경이지만, 새로 생긴 아파트 앞 아담한 쌈지 공원 푸른 나무들 아래 벤치가 멋스러운데 하릴없는 동네 중늙은이 네댓 명이 대낮부터 소주를 '까고' 있다가 장 보러 가는 아줌마들로

부터 "아파트 물 흐린다."고 눈총을 받곤 한다.

수명이 늘어나 팔구십까지 산다는데 오십 줄에 일찌감치 은퇴를 당한 어중간한 이들은 천덕꾸러기 신세가 되어가고 있다. 남의 편만 드니 '남편'이라고 핀잔하는가 하면, 급기야 시중에는 남자의 '삼종지도'라는 우스갯소리까지 퍼지고 있다. 어려선 마땅히 엄마에게 복종하고, 젊어선 아내에게, 늙어서는 며느리에게 복종해야 한다나? 아무리 농담이라지만 편하게 따라 웃어지지 않는다.

하기야 지금의 중늙은이 세대들은 소주로 마음을 달래는 것 말고 다른 기분풀이를 배울 기회가 없었는지도 모른다.

전쟁의 참화로 너나없이 못살던 시절, 부모덕에 잘사는 사람은 손에 꼽을 정도였으니, 설사 자수성가 끝에 이제 서울 강남 한복판 고층 아파트에 산대도 어렵던 시절의 강퍅함과 불안감 때문에 여전히 더 움켜쥐려 하고 누군가에게 베푼다는 것이 주제넘은 것처럼 어색할지도 모를 일이다. '아줌마'들은 더러 관광버스에서 막춤으로, '아저씨'들은 소주판, 막걸리판으로 삶의 무게를 달랬던 세대인데, 이들의 노년이 원숙한 문화 소비와 품위 있는 감수성으로 보상되면 좋으련만. 그리하여 이들이 전통 문화 산업과 새로운 사회 서비스 산업의 든든한 내수 기반이 되어주면 오죽이나 좋을까만.

이들 세대의 팍팍한 청춘으로 일군 것이 오늘의 대한민국이지만 대한민국은 아직도 이들 세대에게 충만한 노후까지 희생할 것을 요구하는 것일까?

OECD 자료에 따르면, 2015년 기준 우리나라 66세 이상 75세

이하 노인의 상대적 빈곤율은 42.7퍼센트, 76세 이상 노인의 빈곤율은 60.2퍼센트로 OECD 38개국 가운데 1위를 차지했다. 중위 소득 50퍼센트 이하 계층이 전체 인구에서 차지하는 비율을 상대적 빈곤율이라고 하는데, 우리나라 66~75세 노인의 상대적 빈곤율은 OECD 평균의 4배에 달한다. 76세 이상의 수치는 OECD 평균의 약 4.2배 수준이다.

이렇게 부모가 편안하지 않은데 자식들이 편안할 리 만무하다. 효자로 소문난 내 후배도 결국 어머니를 요양병원에 모시고는 그날 밤 통곡을 했다고 한다. 안 가겠다고 하시는 걸 도저히 어쩔 도리 없어 억지로 모셔다놓고는 늘 마음에 걸려하면서 남들은 효자라지만 그동안 못해드린 일만 생각난다며 얼굴이 흐려지곤 했다. 어디 그 후배뿐이겠는가. 그 후배는 그래도 경제적 능력은 되는 모양이어서 다행인데, 부모의 노환 때문에, 치매 때문에 생활이 어렵고 집안 분위기 전체가 우울한 것을 주변에서 흔히 보지 않는가.

예전에 비해 형편없이 엷어졌다지만 효도 사상은 우리에게 여전히 일정한 '강박'으로 존재한다. 그래서 자식들은 노년의 부모를 제대로 돌보지 못한다는 과장된 죄의식에 사로잡히고, 부모는 부모대로 먹고살기 팍팍하여 소홀해진 자식들에게 '버림받았다'는 식의 과장된 소외 의식을 느끼며 살아간다. 이 무슨 무참한 국가적·사회적 소모란 말인가.

그러다가 이것이 나와 우리 아이들의 우울한 미래는 아닐까 더럭 겁이 난다. 아닌 게 아니라 늘어나는 사교육비가 노후 불안의 원인이라는 연구 결과도 있다. 그렇다 보니 "평균수명 연장으로 90세 또는 100세 이상 사는 것은 축복이 아니라 재앙"이라는 사람들도 적지 않다.

은퇴 빈곤 관련 기사에는 "무상급식이니 반값 등록금이니 젊은 이들 사정에만 관심을 기울이지, 노년층엔 관심이 없다."라는 댓글들이 달렸다. 세대 간 갈등이라지만 무상급식 논쟁으로 촉발된 국민들의 복지 감수성을 은퇴 빈곤층의 노후 문제로까지 확대해나갈 때가 된 듯싶다.

한편으로 노년층 일자리를 안정화하고, 다른 한편으로 연금과 복지를 확충해가면서 노년의 안정을 개인 부양의 차원이 아니라 사회적 의무로 시스템화해나갈 필요가 있다. 이는 젊은 세대의 모험과 창의성을 북돋는 일이기도 하니까.

그래, 고령화사회, 노년을 방치하면 아파트 물만 흐려지는가? 사회 전체의 물이 흐려진다.

6
삶의 품격, 죽음의 품격: 돌봄 노동

　　인간의 유한함과 불완전함을 잘 알아서일까? 사람들은 흔히 거창한 이상이 실현되는 사회가 아니라 상식이 통하는 사회, 그것이 유토피아라고 말한다. '유토피아'의 어원 자체가 어디에도 존재하지 않는다는 뜻이라 하니, 상식이 통하기가 얼마나 어려운지 짐작이 가는 바이다.

　　『제3의 사나이(The Third Man)』로 유명한 영국 작가 그레이엄 그린(Graham Greene)은 그의 또 다른 소설 『사건의 핵심(The Heart of the Matter)』 서두에서 자살한 동료의 죽음을 두고 "이렇게 불완전한 세상에서 행복을 구하다니 어처구니없는 사람"이라고 말한다. 사실, 한자에서 행복(幸福)은 요행히 만나는 복이요, 영어의 행복(happiness) 역시 어쩌다 우연히 일어나는(happen) 일이다.

　　언젠가 이 세상에서 사라질 목숨, 모든 존재, 생명 가진 모든 것의 유한함이야말로 그 근본적인 불완전함인지도 모른다. 영국의 철학자이자 사회학자 허버트 스펜서는 "인간은 삶이 두려워 사회를 만들고 죽음이 두려워 종교를 만들었다."라고 말했다. 유한하고 불완전한 존재가 기대고 귀의하는 종교는 존재의 근원적 한계에서 출발하는 듯싶다. 그래서인지 '인생은 고해(苦海)'라고 말하는 불교의 근원적 슬픔이나 '인류의 원죄(原罪)'를 이야기하는 기독교의 성찰이 상통하는 것처럼도 느껴진다.

어렸을 적 내 조카가 할머니한테, 그러니까 우리 어머니한테 '돌아가셨다'는 말의 뜻을 물었을 때 어머니가 사람은 누구나 죽는다고, 할머니도 언젠가는 죽는다고 설명하자 조카가 대성통곡을 했다. 어머니가 놀라서, "아니, 지금 말고 동준이가 커서 고등학생이 되었을 때 그때 죽을 거야." 하고 달랬지만 조카는 더욱 큰 소리로 울면서 이렇게 말했다. "나는 안 클 거야. 도로 작아질 거야."

성당에서 운영하는 노인 대학을 다니시던 인연으로 어머니는 노년에 성당에서 세례를 받으셨다. 세례명은 '엘리자베스'. 그런데도 어렸을 적부터 몸에 밴 불교의 신심 탓인지 절에 가는 것을 좋아하셨다. 절에도 가시고 성당에도 가시는 것에 아무런 저항감이 없으셨다.

나는 등산 중에 절을 만나면 대웅전에 들어가 어머니를 위해 절을 올리곤 했다. 절에 다녀온 얘기를 하면 어머니가 좋아하셨기 때문이다. "대웅전에서 우리 어머님 오래 살게 해달라고 빌고 왔어요." 하고 말씀드리는 것을 나 역시 좋아했다.

그런데 언젠가부터 어머니가 말씀을 바꾸셨다. "이제부터는 오래 살게 해달라고 빌지 말고 편안히 돌아가시게 해달라고 빌어라." 나는 그걸 영 받아들이질 못해 계속 오래 사시게 해달라고 절을 올렸다.

그 꼬마 조카가 자라서 고등학교도 졸업하고 대학생이 되었을 때 팔십 넘으신 어머니가 앓아누우셨다. 그런데 심상치가 않으셨다. 병원에서도 준비를 하라고 했다. 그제야 나는 허겁지겁 기도를 바꾸었다. 세상의 모든 신들에게 매달려 오로지 "편안히 가시게 해주세요." 하고 간절히 빌었다. 가시는 길이 고통스러울까 오직 그것만이 두려웠다.

"어머니를 5년만 더 살게 해주신다면 제 수명을 5년 깎으셔도 좋습니다. 어머니만 편안하게 돌아가시게 해주신다면 저는 죽을 때 고통스럽더라도 감내하겠나이다."

고통스러우실까 겁이 나서 간절히 기도했더랬다. 변변찮은 나의 기도가 통했을 리가 있을까마는 아무튼 어머니는 평화롭게 돌아가셨다. 언니는 어머니가 돌아가실 때조차도 자식들 마음 상할까 엄살도 안 하시고 평화롭게 죽음을 마주하신 거라고 이야기했다.

어쨌거나 큰 고통 없이 돌아가셨으니 나는 죽을 때 고통스러워도 기도의 약속대로 다른 소리를 하면 안 되는 걸까, 가끔 겁이 나기도 한다. 그런데 얼마 전부터 '어머니가 계신 곳으로 가는 건데, 뭐. 어머니도 가신 길인데, 뭐.' 하는 생각이 들면서 두려움이 덜해지는 느낌이다. 그런데 막상 닥치면 엄살 심한 내가 어떻게 나올지,

간절히 빌었던 신들에게 이번에는 삿대질을 하면서 나한테 왜 이러느냐고 따지지나 않을지, 죽음 앞에서 그걸 누가 장담하리.

그런데 박경리 선생이 돌아가시면서 어머니를 그리워하는 시를 남겼다. 그 유작 시를 보며 대문호도 크게 다르지 않구나 하는 생각을 했었다.

어머니 생전에 불효막심했던 나는

사별 후 삼십여 년

꿈속에서 어머니를 찾아 헤매었다 (박경리, 〈어머니〉 중에서)

또 어디선가 읽은 글에, 김수환 추기경도 살아계실 적에 어머니를 그리워하며 "어머님을 단 5분간만이라도 다시 만나 뵐 수 있다면 무슨 짓이라도 하겠다."라고 하셨단다. 큰 어른들이 이러실진대 우리 같은 보통 사람들이야 말해 무엇할까.

어머니가 돌아가셨을 때 형제들이 있다는 것이 큰 위안이었다. 어머니와의 추억을 함께 이야기하며 슬픔을 이겨낼 수 있었다. 그런데 문득 형제들을 차례로 여의게 될 때 그 슬픔은 또 어떻게 견뎌낼까 걱정이 닥쳤다. 형제들뿐이랴. 아끼는 벗들을 차례로 잃게 될 때의 슬픔은 또 어찌 감당하리. 아아, 죽음 앞에선 누구나 '을'인 것을!

때마침 국가생명윤리심의위원회에서 '품위 있게 죽을 권리'를 이야기하고 '무의미한 연명 의료'를 중단할 수 있는 특별법 제정을 권고했다. 죽음이 삶의 연장으로서 삶을 마무리하는 것이라면, 존엄한 삶이란 존엄한 죽음으로 완성되는 것이리라. 역사상의 모든 사회운동들이 궁극적으로 존재의 존엄을 위해 싸웠던 것이라면, 삶을 마무리하는 순간의 존엄이 보장되는 사회야말로 진정으로 진보적인 사회가 아닐까 하는 생각이 든다.

죽음의 품격이 삶의 품격을 마무리하는 것이라면 죽음에 임박한 이들이 품격을 누리고 생을 마무리하도록 도와주는 돌봄 노동자야말로 진정 중요한 이가 아닐 수 없다. 그렇잖아도 평균수명의 증가와 여성의 사회 활동 증가는 각종 돌봄 노동에 대한 수요를 증가시키고 있다. 아이를 안심하고 맡길 보육 시설도 없는데 일하러 나가야 하는 맞벌이 부부, 부모와 자식 모두에게 회한을 남기고 "생애의 존엄을 모조리 까먹고 간다."라고들 한탄하는 치매 환자, 불의의 장애인들, 이들에게 '돌봄 노동'은 절박한 생활상의 요청이다.

이처럼 돌봄 노동을 비롯한 사회 서비스는 현대 산업사회의 새로운 요구로 등장하고 있다. 18세기 중농주의자들은 농업이야말로 가장 중요한 산업이라고 보았지만, 이제 농업 인구는 미국의 경우 2퍼센트 안팎, 한국도 4.5퍼센트 안팎에 머무르는 상태다. 제조업 인구 역시 한국을 비롯한 대부분의 공업 선진국에서 20퍼센트 안팎에 그치고 있다. 그리고 나머지 60~70퍼센트를 서비스 산업 인구가 차지하고 있다.

물론 이러한 수치가 농업이 하찮것없다거나 제조업이 중요하지 않다는 의미는 결코 아니다. 오히려 그 반대로, 농업은 곡물 인플레이션, 즉 애그플레이션(agflation)이라는 신조어에서도 알 수 있듯이 그 전략적 중요성이 재확인되고 있다. 또한 제조업은 서비스 산업의 발전을 떠받치는 기본 토대다. 따라서 이들 수치는 의식주의 해결에 소요되는 사회적 자원의 비중은 줄고 대신 여타 삶의 욕구를 충족시키는 데 더 많은 인적·물적 자원이 할애되고 있음을 의미하는 것이다. 실제로 사회가 발전하면서 인간답게 살 수 있는 제도적 장치들, 기본적인 의료 서비스의 보장, 보육과 교육, 노후의 안정과 같은 사회적 서비스에 대한 요구가 증가하고 있다.

그런데도 우리의 사회 서비스 수준은 여전히 열악하기 짝이 없다. 이미 2011년에 시민 사회단체들이 참여해 '돌봄 노동자 법적 보호를 위한 연대'를 출범시키고 간병인, 요양 보호사, 산모 도우미, 파출부, 가정부 등 이른바 돌봄 가사 노동자들을 노동자로 인정하지 않는 근로기준법 예외 조항의 삭제와 고용 지원 시스템 구축, 산재와 고용보험 우선 적용을 촉구한 바 있으나 여전히 법제화되지 못하고 있다.

이처럼 각종 돌봄 노동은 수요자들은 수요자들대로, 공급자들은 공급자들대로 절박한 형편에 놓여 있다. 현재 우리 사회에서 돌봄 노동자라고 불리는 인력은 30만~60만 명으로 추산되는데, 이들은 정부 사회 서비스 일자리에 참여하고 있는 8만 명을 제외하면 노동자로 인정받지도 못하고 있다. 양적으로든 질적으로든 돌봄 노동자의 수급을 맞추는 일은 이제 우리 사회의 미래 성장 동력을 확충하는 일과도 불가분의 관계에 있다.

4차 산업혁명의 흐름 속에 인공지능(AI, Artificial Intelligence)이 발전

하면서 서비스 노동도 상당 부분 AI로 대체될 것으로 예상하는데, 한편에서는 일정 부분 내밀한 인간관계를 전제하는 돌봄(care)의 속성상 AI로 대체할 수 없는 분야가 여전히 있으리라 전망한다. 조만간 닥쳐올 사태는 그것대로 준비해야 하겠으나 당장 돌봄의 손길이 필요한 절박한 이들에게 마냥 기다리라고만 할 수는 없는 노릇이다.

돌봄 노동을 포함해 사회 서비스 부문의 노동은 대부분 노동집약적 성격이 강해서 IT 혁명과 AI 이후의 '고용 없는 성장'을 보완할 수 있을 것으로도 기대된다. 제조업처럼 기술혁신을 통해 고부가가치를 생산하기 어렵고, 따라서 대부분 저임금 단순노동이 될 가능성이 높다고 한다. 하지만 정부가 나서서 삶의 질과 관련한 돌봄 노동의 콘텐츠를 부여하고 양적·질적으로 수급 안정을 도모한다면 우리 사회의 품격을 높이는 동시에 새로운 서비스 산업으로 떠오를 가능성 또한 있지 않을까 전망해본다.

2부

시장의 에너지와
시민의 품격

1
쇼핑 퀸, 장터에 가다

"떡 사소! 떡, 시월 상달 개피떡 못 사묵으믄…."

"와 이러요! 안 사믄 고만이지 천하 없이 모진 시엄씨도 소매 밑은 안 나무란다요!"

제가끔 떠들고 지껄이고 왕왕거리는 속에 거지 떼 장타령이 어울리고….

"떠리미요, 떠리미! 이렇게 싼 물건은 난생 못 봤을기요, 봤이믄 봤다 카소! 몽땅 개값으로 던지고 갈라누마, 아 서울 자식 놈 찾아갈라누마, 누구든지 몽땅 가지믄 수 터지요! 개값이오 개값!"

깡마른 늙은이가 떠들어대는 것이었다. 여름이면 뜨거운 자갈길을 신발 벗고 가던 방물장사였다. 겨울이면 해장국 한 그릇에 찬밥 한 덩이 말아 먹고 주막집 처마 밑에서 해 뜨는 하늘을 바라보던 늙은이, 이 장에서 저 장으로 이 마을에서 저 마을로 떠돌아다니면서 지난해에도 그랬었고 그 전 해도, 아마 십 년 전에도 그랬으리라. 서울 자식 놈 찾아갈라누마, 누구든지 몽땅 가지믄 수가 터진다고. 앞으로, 세상을 하직하는 날까지, 장사를 끝내는 날까지, 고생스런 방랑길을 끝내는 날까지 때 묻은 잡화를 펴놓고 그는 떠들어댈 것이다. 몽땅 개값으로 던지고 갈라누마, 서울 자식 놈 찾아갈라누마 하고. 우락부락하게 생긴, 목가죽이 벌건 사나이는 장꾼들 사이로 누비고 다니면서 매 같은 눈을 번득이며 장세를 받아내고 있었다. (1부 1권 111~112쪽)

사물의 다양한 면모와 욕망이 소용돌이치는 시장이야말로 온갖 생명력이 넘치는 장이다. 가히 목숨을 건 '전장(戰場)'이라고 할 만하다. 그래서 일찍이 『시장과 전장』이라는 제목으로 장편소설을 쓴 바 있는 박경리 선생도 그의 대하소설 『토지』에서 구한말에서 일제강점기에 이르는 저잣거리를 이렇게 즐겨 묘사한다.

고대광실 양반 댁 사랑 이야기를 격조 있게 다루는가 하면 구성지고 걸쭉한 저잣거리 서민들 이야기를 경상도 사투리며 전라도 사투리, 때로는 알아듣기도 어려운 회령이나 용정의 어쩌면 함경도 사투리(?)까지 생생하게 되살려 풀어내니, 과연 언어를 벼리어 조밀하게 문장을 짜고 우리말을 갈고닦는 작가의 운명을 타고났다고 할 밖에. 박경리 작가 자신도 작가란 어쩔 수 없이 되는 것이라고, 속에서 터져 나오는 무언가를 쓰지 않고는 배길 수가 없어 그걸 받아쓰는 어쩔 수 없는 운명 같은 것이라고 했다. 이제야 비로소 그 말이 이해될 듯도 하다.

박경리 선생이 시장에 '삘(feel)'받은 것과는 결이 한참 다르겠으나 나 역시 시장 구경을 무척 좋아한다. 백화점은 백화점대로, 골목 좁은 재래시장은 재래시장대로, 쇼핑몰은 쇼핑몰대로, 벼룩시장은 또 그것대로 다 나름의 매력이 있다. 지방에 갔을 때 오일장이 열리는 날이면 얼씨구나 하고 시장 구경을 한다. 외국에서도 마찬가지다. 일을 마치고 나면 역시 시장 구경이 첫 번째다. 벼룩시장이라도 열리는 날엔 더더욱 반가워서 열 일 제치고 먼저 가본다.

잠깐 런던에 살 때도 별일 없는 한 주말마다 동네에서 열리는 벼룩시장에 가는 걸 빠뜨리지 않았다. 그때 샀던 50펜스짜리 작은 촛대, 1파운드짜리 수프 볼, '물경 10파운드나' 주고 산 은팔찌 등은 지금도 나의 '애장품'이다. 뚱뚱한 아줌마가 팔던 그 은팔찌는 도무지 깎아주진 않고 마음에는 쏙 들고, 살까 말까 고민하면서 벼룩시장을 몇 바퀴나 돌고 돈 끝에 결국 산 것이다. 적잖이 억울해하면서, 무뚝뚝한 백인 여자가 밉상이라고 투덜거리면서 샀는데 지금은 볼 때마다 '그때 사길 정말 잘했지.' 하며 흐뭇해한다.

외국 출장을 같이 간 동료들이 아내한테 줄 선물을 선뜻 고르지 못하고 망설이기에 적당한 가격에 흥정 잘해서 이것저것 쇼핑을 도와준 일이 있는데, 그 뒤 내 별명은 '쇼핑 퀸'이 되었다. 그 별명이 싫지만은 않아서 '과연 경제학자다운 별명이군.'이라고 멋대로 해석한다. 나는 특히 누구 특별한 날에 선물할 거리 사러 가는 걸 좋아한다. 룰루랄라 시장에 가면서 그에게 어울리는 선물은 무얼까, 이 가게 저 가게 기웃거리면서 이걸 살까 저걸 살까, 어떤 게 더 그에게 어울리는 선물일까 하며 물건 고르는 시간이 퍽 즐겁다. 한번은 외국 출장을 같이 간 후배가 미처 아내 선물을 못 챙겼다면서 기내 면세점에서 뭘 살지 고민하기에 얼른 끼어들어 골라주었다. 기내 면세품 목록을 들여다보고 열심히 골라 "이거 어때?" 물었더니, 어라? 그 후배 왈, "아무거나 상관없어요. 선물 안 잊어먹고 사 왔다는 게 중요하니까요." 한다.

에헤, 이럴 수가! 선물 사는 즐거움을 모르다니. 그래도 나중에 물어보니 어쨌거나 아내가 잘 사 왔다고 좋아는 하더란다.

유럽 사회 포럼을 둘러보러 피렌체에 갔을 때는 그들의 독특한 가죽 제품을 진열장 너머로 구경하면서 몹시 즐거웠다. 작은 진열장, 그 옆에 난 문을 열고 들어가자 작은 진열장과는 달리 길게 이어져 있는 매장 안쪽은 뜻밖에도 제법 큰, 직접 핸드백과 구두를 만드는 작업장이었다. 장인(匠人)이어서일까? 길쭉한 눈매가 예사롭지 않은 중년의 이탈리아 사내가 구두를 짓고 있다가 매장으로 들어서는 낯선 아시아계 손님을 유심히 쳐다보았다. 그는 내 발 사이즈를 재고 어울릴 만한 구두 몇 켤레를 내놓고는 신어보기를 권한다. 이쯤 되니 하나쯤 안 살 수는 없을 듯하여 하나 골랐는데 그 가성비라니! 디자인 좋고 편하고, 그리고 무엇보다도 그 품질에 비해 터무니없을 만큼 쌌다! (그때 산 구두는 지금도 잘 신고 있다.)

값싸고 가죽 좋고 디자인 좋으니 기분도 좋아 이리저리 거리 구경을 하다가 유명한 베키오 다리를 건너 전통 시장 분위기가 좀 더 풍기는 동네로 들어섰다. 그러고는 진열장 가득 가죽점퍼가 걸려 있는 가게엘 들어갔다. 구경하는 것만으로도 충분히 즐거워서 느긋하게 둘러보는데 카멜색 쇼트 점퍼가 눈에 들어왔다. 가격표에는 우리 돈 30만 원 정도의 금액이 적혀 있었다. 가격표를 들여다보고 있으니 아마도 살 사람으로 보였던 모양이다. 대체로 후리후리한 밀라노 특유의 북부 이탈리안 느낌보다는 남부 이탈리안처럼 보이는 땅땅한 체구의 청년이 다가와 말을 걸었다. 어디서 왔느냐? 한국에서 왔다. 아, 그 나라 축구 잘하지? 이러쿵저러쿵 이야기를 주고받았다. 이탈리안 가이답게 아주 플래터링(flattering)했다. 내가 들고 있는 가죽점퍼를 가리키며 참 잘 골랐다나? 딱히 살 마음이 있었던 건 아니어서 "좋긴 좋은데 나한테는 너무 비싸다. 나는 10여만 원대의 점퍼를 찾고 있다." 했더니, 어라? 우리 식으로 표현하면 오늘 마수걸이니 그냥 12만 원 정도에 가져가라는 것이다. 어, 여기 우리나라 옛날 남대문시장 같은 데였어? 그냥 질러? 잠시 망설이다가 샀다. 그 점퍼는 지금도 한여름 빼고 봄, 가을, 겨울 가리지 않고 엄청 잘 입고 다닌다. 입을 때마다 피렌체의 베키오 다리 건너 그 상점 생각이 난다.

늘 생각하는 거지만 이탈리안은 아무래도 DNA가 독특한 것 같다. 타의 추종을 불허하는 저들의 독특한 디자인 감각과 컬러 감각, 심지어 거리에서 본 경찰들의 제복조차 개성 만점, 멋있었다. 회색을 주조로 옷깃과 소매 끝 등을 감색으로 처리한 제복이었다. 나중에 알고 보니 당시 보았던 그 제복은 아르마니가 디자인한 것이었다.

아르마니는 매장 자체가 디자인 감성의 시현(示顯)이라고나 할까? 특히 로마에서 길을 걷다가 고대 로마의 유적인 듯 깊게 파인 사각 웅덩이 아래에 세월이 응축된 커다란 바윗돌(고대 로마의 주춧돌쯤 이었을까?) 하나, 로마 특유의 구름 소나무 한 그루를 지나 고대의 폐허 같은 그 길모퉁이를 돌아서는 순간 문득 마주친 아르마니 매장이라니! 여성복과 패션 소품은 아래층에, 그리고 4층이던가, 꼭대기층에 남성복 매장을 배치했는데, 전면 유리로 설계된 건물 층별로 오렌지색, 올리브카키색 등등 유리 색깔을 달리하여 방금 고대 로마의 폐허를 지나온 나그네한테 뜻밖에 포스트모던의 미래 세계를 펼쳐 보였다. 폐허 속에 남아 있는 고대 로마의 자취와 포스트모던 로마의 강렬한 대조를 통해 느닷없이 시간여행자가 된 듯 아찔하고 황홀하던 그 기분은 지금도 생생하다.

시장, 교환, 너의 것과 나의 것을 바꾸는 것, 너의 욕망과 나의 욕망이 만나 흥정하고 서로 만족하는 것, 원더풀 월드(wonderful world) 아닌가! 상품에는 저마다 그 나라 특유의 컬러와 디자인이 각인되어 있다. 빨간색 일색인 중국의 기념품 가게, 제 나라 축구 대표 팀 유니폼처럼 노란색과 초록색을 적절히 배합한 브라질의 가게들, 이탈리아 대표 브랜드 막스마라의 로마 토기 색깔을 연상시키는 카멜색 코트, 중간색 핑크와 파스텔 톤 연두를 잘 섞어 엘리건트(elegant)한 프랑스의 실크 머플러, 노랑, 초록, 빨강의 원색들을 검은색과 잘 섞어놓은 강렬한 색감의 아프리카 토산품…. 이렇게 상품을 통해 나름대로 컬러 코드, 문화 코드를 읽어내는 건 내가 경제학 전공자여서일까, 아니면 쇼핑 퀸이어서일까? 아무튼 흥미롭기 짝이 없는 일이다.

실제로 내가 경제학에 입문하게 된 계기도 바로 이런 시장의 매력 때문이다. 좀 더 정확하게는 미시경제학의 완전 경쟁 시장의 균형점에서 초과이윤은 제로가 되고 사회적으로 가장 바람직한 상태, 즉 사회적 자원의 최적 배분이 이루어진다는 대목에서였다.

학부 때 본래는 법학 전공이었는데 당시 우리 과는 경제학이 필수과목이었다. 나는 채권법 시간에 교수님이 채권법의 기본 정신으로 "약속은 지켜져야 한다(Pacta Sund Servanda)."라는 금언을 말씀하실 때, 그리고 형법 교수님이 형법적 판단의 기준으로 '통상인의 주의의무'를 말씀하실 때 '이런 것이 법학 정신(legal mind)이구나.' 하며 몰입했었다. 위인이나 성인이 아니라 통상인의 주의의무가 기준이라는 그 대목은 그래서 특히 인상 깊었다. 또한 나는 형평성(equity)이라는 말에 몹시 매료되었다. 아무려나, 감수성 예민하던 시절이었으니까.

그랬는데 필수라서 들은 경제학 수업 시간에 시장균형을 배웠다. 생산자(공급자=기업)와 소비자(수요자=가계)가 충분히 많은 완전 경쟁 시장에서는 수요와 공급이 일치하는 균형점에서 가격이 결정되는데, 이 균형점에서 생산자의 초과이윤은 제로이며 정상 이윤(혹은 암묵적 이윤)을 얻을 뿐이라는 것이다. 수요곡선과 공급곡선은 주어진 가격 수준에서 각각 수요자의 효용 극대화와 생산자의 이윤 극대화를 충족시켜주는 점들의 연결이므로 이 균형점은 수요자와 공급자를 동시에 만족시키면서 또한 사회적으로는 초과이윤이 제로가 된다. 다시 말해 생산비 곡선의 최하점에서 가격이 결정된다는 의미에서 최소 비용으로 재화의 생산이 이루어진다는 아름다운 설명이었다. 더구나 이 아름다운 설명은 멋진 그래프와 썩 만족스러운 미분식에 의해 각각 증명되고 있었다! 오, 균형! 얼마나 절묘한 네이밍(naming)이던가!

인생이 늘 그렇듯이 경제학에 대한 나의 흥미를 충족시킬 기회는 뜻밖에 찾아왔다. 대학을 졸업하고 신문사에 취직해 한창 기자의 꿈에 부풀어 있던 3~4년 차, 나는 전두환 군사정권의 언론 탄압에 따른 언론인 대량 해직 때 선배들 틈에 섞여 해직되었다. 언론 자유를 위해 뭐 이렇다 할 '투쟁'을 한 적도 없는데 제작 거부를 했다는 이유로 해직이 된 것이다. 엄혹한 1980년대, 고문과 의문사가 이어지던 시절에 해직이라도 당하지 않았더라면 후세에 뭐라고 이 시대를 증언하겠는가 하는 생각으로 스스로를 추슬렀다. 어차피 해직 기자 꼬리표를 달고서는 취직도 쉽지 않던 시절이었으니 "노느니 염불한다."고 공부나 더 해두어야겠다고 생각했다.

그렇게 대학원에 진학하면서 나는 전공을 경제학으로 바꾸었다. 대학원 준비 과정에서 정교한 수식들에 빠져들어 균형에 도달했을 때의 니르바나(nirvana)란! 말 그대로 열반(涅槃)에 드는 느낌이었다.

그런데 대학원 신입생 오리엔테이션 때 그만 친구를 잘못(?) 사귀고야 말았다. 아마도 해직 기자라는 내 타이틀 때문이었는지 스터디 그룹에 들어오래서 갔더니 마르크스의 『자본론』을 공부하는 그룹이었다. 철학자(philosopher)의 어원적 의미가 논리(logos)를 사랑

(phil)하는 사람이라던가. 아마도 현실의 복잡한 관계에 자신이 없어 책으로 도피하는 사람들에게 나름의 자기 위안, 혹은 '알리바이'가 될 만한 말일지도 모르겠다. 그런데 내가 바로 그랬던지 80년대가 시작되자마자 광주에서 끔직한 학살이 벌어졌고, 신문사에서는 해직을 당하는 힘겨운 와중, 그때나 지금이나 여간해서는 꿈을 꾸지 않는, 혹은 꿈을 꾸었대도 도무지 뭐였던지 기억이 나지 않는 사람이건만 당시에는 거의 매일 밤 정보부라는 곳에 잡혀가서 자백을 강요받는, 또는 동료들로부터 정부 청사 폭파 같은 '무서운 투쟁'에 가담할 것을 요구받고 괴로워하는 꿈을 꾸다가 깨어나곤 했던 것이다. 그런 시대의 와중에서 정치경제학 세미나는 엄청난 흡인력으로 나를 빨아들였다.

잉여가치 개념을 처음 알았을 때는 『성경』 마태복음의 첫 장 "태초에 말씀이 있었다."라는 구절을 듣고는 기쁨의 전율을 느꼈더라는 어느 신앙인의 고백처럼 드디어 진리에 개안(開眼)하는 것 같은 느낌마저 받았었다. 노동이 생산한 총 가치 중 노동한 자의 몫으로 귀속되지 않는 부분을 잉여가치라고 하는데 이를 자본가 이윤의 원천으로 설명하고 있었다. 마르크스는 이를 자본(=물적 생산수단으로서 과거 노동의 산물이라는 점에서 과거 노동 혹은 죽은 노동)에 의한 노동(=그는 이것을 '산 노동'이라 부른다)의 착취(exploitation)라고 불렀다.

이런 주장은 착취라는 단어가 주는 어감으로 인해 매우 급진적인 느낌을 풍긴다. 그러나 해석하는 이에 따라서는 사유재산을 인정하는 한, 그리고 성인이 아닌 인간 보편의 이기심을 감안할 때 사유재산을 가지려는 욕구가 인류 발전의 주요한 동력이었다고 한다면, 가족이나 후손을 위한 과거의 노동이 체화된 소유 자산, 즉 자본이 자신의 몫을 수취(expropriation)하는 것으로 볼 수도 있을 터다. 흔히 이런 주장은 마르크스의 계급적 관점을 무시하고 자본주의 시장 경제의 작동 원리를 설명하는 기능론적인 관점으로 마르크스주의를 왜소화했다고, 혹은 불임화(sterilize)했다고 비판받기도 하지만 말이다.

사실 이른바 주류 경제학 공부를 하면서 나의 문제는 긴 수식을 풀다가 드디어 해(解, solution)에 도달했을 때의 그 짜릿한 쾌감에도 불구하고 분배론 파트에서의 실망이 매우 컸다는 것이다. 미시경제학의 요소 시장 이론에서는 자본이나 노동이나 각각 생산에 기여한 만큼씩, 즉 한계 생산성만큼씩 이자율 혹은 임금률이라는 요소 가격을 지급받는다고 설명하고, 그것이 각각 요소 소득(임금 소득, 이자 소득)의 원천이 된다고 설명하고 있었다. 나는 분배론에서 어떤 이들은 왜 저렇게 가난한지, 왜 저렇게 빈부 격차가 나는지에 대한 설명을 기대했던 터라 큰 허탈감을 느꼈더랬다. '생산성이 낮아서 가난한 거였구나.' 그 설명은 형식논리상 틀린 것은 아닐지 몰라도 생산성이 왜 낮은지를 설명해주지 않아 답답하기 이를 데 없었다. 그때의 그 실망감이 어떤 연유인지 비로소 깨달은 기분, 아마도 그 기분 때문에 진리에 개안하는 느낌을 받았을 것이다.

그럼에도 불구하고 때로 필요 이상으로 논리 자체를 즐기는 듯한 현학, 혹은 마르크스가 무오류의 화신인 양 경전 해석하듯 그의 원전을 대하는 일부의 경향에 대해서는 기질적 거부감을 어쩔 수 없었다. 아마도 태생적으로 자유로운 기질이었는지 마르크스주의 담론의 그런 경직성은 즐거움 못지않게 적지 않은 피로감을 주었다. 이래저래 박사학위 논문은 1920년대 소련의 신경제정책에 대한 연구로, 말하자면 경제정책을 둘러싼 역사적 논쟁을 택했다. 레닌과 반대파들이 현안을 둘러싸고 벌이는 경제정책 논쟁은 이론투쟁을 전제하는 것이었으나 현실을 둘러싼 것이어서 생생하고 박진감 있고 흥미로웠다.

한국의 1980년대 분위기 탓이었는지 어떤 이들은 레닌의 저작 역시 경전 떠받들 듯 했지만 내가 읽은 레닌은 현실의 맥락 속에서 해답을 찾는 매우 '정무적(政務的)'인 인물이었고, 그게 그의 매력이기도 했다.

예를 들면 그는 1917년 10월 혁명 후 국내 안정을 위해 독일과의 강화조약을 서두르는데, 당시 군사인민위원장으로서 대독 강화조약을 책임졌던 트로츠키는 독일 외교관들이 러시아의 촌뜨기 노동자 정부를 우습게 보고서 반드시 프록코트(오늘날의 남성용 턱시도 비슷한 당시의 정장)를 입고 외교 협상에 임할 것을 주장하는 데 반발해 협상을 진행시키기 어렵다고 레닌에게 전보를 보냈다. 레닌의 답장인즉슨, "(프록코트 아니라) 페티코트를 입고서라도 당장 협상을 마무리하시오."였다.

페티코트는 여성용 속치마를 일컫는 것이니 '오, 볼셰비키도 유머 감각이 있었네!' 싶었다. 후대 사가(史家)들이 전하는 이런 에피

소드가 얼마나 사실에 부합하는지는 모르겠으나 아무튼 생각할 때
마다 유쾌하면서도 고개가 끄덕여지는 대목이다. 또한 인상적인 평
이지만, 레닌과 트로츠키라는 두 인물의 차이를 대강이나마 짐작케
해주는 에피소드랄까?

이런 식으로 레닌을 이해했기에, 또 소련을 방문할 수 없었던
당시의 상황에서 1920년대 소련 사회를 짐작하기 위해 당대의 소
련 소설들을 주로 읽었던 탓에(혹은 덕분에), 내 학위논문은 10월 혁명
을 앞두고 발간된 레닌의 대표적인 저작들을 정밀한 사고 속의 이
론적 업적으로 읽기보다 당시 상황의 산물, 그 현실적 맥락 속에서
의 정무적 팸플릿으로 읽어냈다.

예컨대 서구 제국주의의 약한 고리로서 러시아의 후진성 때
문에 러시아는 자본주의 발전 단계를 뛰어넘는 비자본주의적 발
전을 추구해야 한다는 그의 「제국주의론(Imperialism, the Highest Stage of
Capitalism, 1917)」이나 모든 국가란 계급 지배의 장치로서 그의 러시
아 혁명이 세울 국가는 프롤레타리아 계급 지배의 국가임을 설파한
『국가와 혁명(The State and Revolution, 1917)』, 그리고 10월 혁명 이후 신
경제정책 시기에 때로는 엄격한 통제경제를, 때로는 시장경제의 활
용을 주장한 이런저런 글들을 읽으면서, 기본적으로 진지한 이론적
저작이라기보다는 혁명의 고비마다에 필요한 정치적 수사(修辭)를
담은 정치적 팸플릿 성격이 강하다고 해석했다.

이를 두고 내가 레닌을 "실용주의적으로 해석했다."라는 비판
을 받기도 했는데 글쎄, 뭐, 그러시든지. 어쨌거나 개인적으로 레닌

은 여전히 매우 흥미로운 인물이다. 이른바 '레닌주의' 운운하는 동네는 좀 뭐랄까 수구(守舊)스럽고 지루하지만 개인 레닌은 그런 도식에 가두기에는 여러 가지 의미에서 훨씬 더 흥미로운 인물이다. 하기야 어디 레닌뿐일까? 모든 인간은 무슨 무슨 주의로 정형화하기에는 저마다 모순투성이, 어처구니없는 소우주니까. 다만, 분석의 편의를 위해 모델 빌딩의 수단으로 이런저런 주의라는 분류법이 필요하기도 하겠지.

소련이 와해되고 현실 사회주의의 위력이 사라진 지금도 그런 말들을 하는지 모르겠지만, 『자본론』은 세계적으로 『성경』 다음으로 많이 읽히는 책이라는 말이 있었다. 여러 나라에서 상당 기간 금서이기도 했던 책이니 좀 뜻밖이긴 하다. 그런데 막상 『자본론』 자체는 케임브리지대학교 최초의 경제학 교수였다는 앨프레드 마셜(Alfred Marshall)의 『경제학 원리(Principles of Economics, 1890)』만큼이나 건조한, 말하자면 정치적 색채나 사회적 가치판단으로부터 중립적이라는 의미에서 건조한, 그런 저작이라고 할 수 있다. 마셜이 교환이 이루어지는 시장을 중심으로 경제의 작동 원리를 설명했다면 마르크스는 생산이 이루어지는 과정을 중심으로 경제의 작동 원리를 설명했다는 점이 다른데, 물론 이 차이가 매우 큰 세계관의 차이로 연결되지만 서술 자체는 둘 다 건조하다는 점에서 동일하다.

마르크스의 『자본론』이 자본주의의 역사적 진보성을 그 누구보다도 설득력 있게 강조했다는 점은 대체로 인정하는 것이고, 그래서 이런 점에 초점을 맞추어 속칭 마르크스주의자 중에도 자본주의가 진보의 선구자라는 주장을 펴는 이가 있다(예컨대 영국의 빌 워렌이 쓴 『Imperialism, Pioneer of Capitalism(1980, verso)』 같은 저작이 대표적이다).

어쨌거나 시장의 역동성, 자본주의의 에너지를 마르크스만큼 실감 나게 묘사한 사람도 많지 않으리라. 젊은 시절의 초기 저작이어서 더더욱 파토스(pathos)가 넘쳐 났는지 마르크스는 『공산당 선언(Communist Manifesto, 1848)』에서 자본주의의 주도자 부르주아지(bourgeoisie), 즉 자본가에 대해 이렇게 역설한다.

> 역사적으로 부르주아지는 매우 혁명적인 역할을 담당해왔다. 부르주아지는 모든 봉건적·가부장적·전원적 관계를 종식시키고, 인간을 타고난 상하 관계에 묶어놓은 잡다한 봉건적 끈을 가차 없이 끊어버렸으며, 가장 신성한 종교적 정열의 환희, 기사도적 열정의 환희, 세속적 감상주의의 환희를 자기중심의 타산이라는 얼음같이 차디찬 물속에 빠뜨려버렸다….
>
> 부르주아지는 지금까지 존경과 경건한 경외심으로 받들어졌던 모든 직업으로부터 그 후광을 걷어냈다. 의사, 법률가, 성직자, 시인, 과학자를 부르주아지에게 보수를 받는 임금노동자로 전화시켜버린 것이다….
>
> 부르주아지는 이집트 피라미드나 로마의 수도, 고딕 성당을 능가하는 기적을 이룩했다. 이전의 모든 민족대이동이나 십자군 따위는 견주지도 못할 원정들을 감행한 것이다….
>
> 이와 더불어 고색창연한 편견과 견해들은 사라지고 새로이 형성된 모

든 것들은 골격을 갖추기도 전에 낡은 것이 되어버린다···.

낡은 지역적·민족적 단절과 자급자족 대신 모든 방면에서의 상호 교류, 민족들 간의 보편적 상호 의존이 나타난다. 이는 물질적 생산뿐 아니라 정신적 생산에서도 마찬가지이다. (『공산당 선언』, 남상일 역, 백산서당, 1989년, 57~61쪽)

엉뚱한 비약일 수도 있겠으나, 더욱이 『토지』의 최서희가 마르크스를 읽었을 리 만무하겠으나, 최서희야말로 스스로 '봉건 귀족'이라는 후광의 실속 없음을 일찌감치 터득한 인물이다. 하여 그는 비록 몰락한 양반일망정 문벌에 대한 경애와 양반의 긍지가 사뭇 대쪽 같았던 평사리 출신 김 훈장의 송곳 같은 비난에도 아랑곳없이, 김 훈장이 시정잡배라고 백안시하는 용정의 거간꾼 공 노인과 손잡고서 만주의 미곡과 두류를 매점매석하여 떼돈을 버는 장사치로 성공, 혹은 김 훈장의 비난처럼 '전락(!)'한다. 뿐인가. 적당한 친일의 제스처도 마다하지 않는다.

부친 최치수의 죽마고우이자 청백리 가문 출신 우국지사 이동진의 군자금 요청을 거절했을 때, 이동진의 아들 상현이 "악전(惡錢)도 쓰기에 따라서는" 운운하며 힐난하자 성질 더러운 최서희 왈, "치우시요! 동가식서가숙하면은 애국지사요? 비분강개나 하며 남의 속주머니 사정을 살피는 게 애국 애족이란 말씀이오?" 하고 쏘아붙이는 것이었다.

말이야 그렇게 하지만 그렇다고 상현을 비롯한 우국지사 양반님네들의 비웃음과 '뒷담화'가 달가울 리는 만무할 터. 고독 속에 웅크려 고향으로 돌아갈 날만을, 최 참판 댁을 집어삼킨 조준구에게 복수할 날만을 도모하는 최서희의 집념을 무서우리만치 집요하게 묘사하는 박경리 작가의 필설은 실로 숨 막히는 것이었다.

고향으로 돌아가 복수할 날을 꿈꾸며 "이를 위해서라면 내 친일인들 마다할쏜가." 별렀던 최서희의 처지가 그러했듯이, 우리의 근대화 과정 역시 참으로 고단한 과정이었다.

나로서는 종종 생각나는 말인 동시에 가슴 아픈 말 중에, 한국에서는 삼대만 거슬러 올라가면 친일 경력 혹은 좌익 경력이 나온다는, 그래서 한국에는 '노블레스 오블리주'가 있을 수 없다는 말이 있다. '노블레스 오블리주가 꼭 좋은 것인가?' 하는, 그 말이 함축하는 특권 의식을 둘러싼 논쟁을 잠시 차치하자면, 책임감 있는 건전한 보수 세력의 부진, 자신감 있는 포용적 진보 세력의 부진 등 우리의 아픈 근대사를 상기시키는 말임에 틀림없다.

그 아픈 근대사는 아마도 허수아비 왕을 세워놓고 사리사욕 채우기에 바빴던 조선 말 세도정치 속에서 이미 잉태되고 있었는지도 모르겠다. 『조선왕조실록』과 『승정원일기』 같은 세계에 유례가 드문 기록 문화의 유산, 사관과 암행을 비롯해 왕권과 신권(臣權) 및 백성 간의 견제와 균형, 애민과 민본의 통치 이념 등 나름대로 안정적인 농경문화와 중앙 집권적 통치 시스템을 구축했던 조선이지만 근대의 변화에 제대로 대응하지 못함으로써 식민지로 전락했다.

어린 시절에는 화가 나고 약이 올라서 그 시기, 즉 조선 말에서 한일 합방으로 넘어가기까지의 역사는 잘 보려 하지 않거나 그 시기를 배경으로 하는 이야기도 영 내켜하지 않았었다. 그중에서도 늘 뼈아픈 대목이 동학혁명과 청일전쟁이었다.

나는 강의 시간에 학생들에게 동학의 인내천(人乃天) 사상을 종종 서구의 계몽사상에 비유해 강의하곤 한다. 물론 당시 농민군의 역량을 과장하는 것일 수도 있어 부정확한 비유일 수 있겠으나, 돋아나는 싹일망정 새로운 시민계급이 태동할 수도 있었던 계기를 중앙정부가 외국 군대를 불러들여 제 나라 백성을 진압하는 과정에서 무산시켜버렸다. 청나라 군대의 조선 출병은 청일 간에 맺었던 텐진조약에 따라 일본의 조선 출병을 불러왔고 서로 제 땅은 내버려두고 우리 땅을 전쟁터로 삼아 쑥대밭을 만들며 힘을 겨루었던 그 역사가 늘 뼈아프다. 역사적인 2018년 4월 판문점 선언 이후 북미 대화를 둘러싼 지금의 상황도 그렇지만, 우리의 지정학적 위치를 감안하건대 똑같지는 않더라도 역사는 언제든 반복될 수 있음을 늘 생각하게 된다.

열강들이 제국주의의 혼돈 속에 근대화를 향해 숨 가쁘게 달려가던 시기에 시민계급의 발흥도, 계몽 군주도 갖지 못했고, 그나마 일어섰던 동학 농민군은 외세 침탈의 빌미가 되면서 우리의 고단한 근대는 시작되었다.

그럼에도 불구하고 우리가 스스로 자부심을 가질 수 있는 것은 박시백 화백이 20권짜리 만화『조선왕조실록』의 마지막에 적은 말처럼 "왕조는 사라졌지만 백성은 남아" 국내에서, 또 만주에서 끈질

기게 애국 계몽 운동을 펼치고 신교육 운동, 식산 홍업 운동, 무장투쟁 등을 벌이면서 독립운동을 이어갔다는 대목이다. 그 저력이 면면히 살아 2017년에 우리는 촛불 혁명으로 새 정부를 세울 수 있었던 것이리라.

그런데 시민혁명과 산업혁명을 선도해 근대화의 원형(prototype)으로 상징되는 영국의 경우, 1215년 「마그나 카르타(Magna Carta)」에서 시작한 '지배자 군주'와 귀족 및 일반 시민 간의 균형과 견제라는 통치의 원리는 오랜 세월에 걸쳐 매우 점진적으로 진행되었다. 그래서 영화 〈서프러제트(Suffragette, 2015)〉에서 그려진 것처럼 여성 참정권은 1928년이 되어서야 비로소 법제화되기도 했다.

우리는 1919년 상해 임시정부가 "대한민국은 민주 공화제로 함"을 규정했고, 이어 1948년 제헌 헌법과 함께 민주 공화국이 선포되지만, 선언과 현실 사이의 간극은 오늘날까지도 일정하게 지속되고 있다.

아마도 압축 성장이라는 말은 경제성장에서는 그럭저럭 통할 수 있어도 정치나 사회, 문화에서는 조금 상황이 다르지 않을까 싶다. 물론 그저 정도의 차이일 수도 있겠지만, 사람들의 의식과 오랜 관습이 바뀌는 과정이 수반되어야 하는 문제이기 때문이다.

그래서 『토지』에서 하동의 청백리 이동진은 망국의 한을 품고 나라의 독립을 위해 두만강을 건너 만주로 떠날 때 친구 최치수의 질문에 스스로 정리된 답을 주지 못한다. 양반의 권위 의식이 골수에 차 있으면서 기질적으로 시니컬하고 허무주의자였던 치수가,

"자네가 마지막 강을 넘으려 하는 것은 누굴 위해서? 백성인가, 군왕인가?"라고 물었을 때 이동진은 "백성이라 하기도 어렵고 군왕이라 하기도 어렵다."면서, "굳이 말하라 한다면 이 산천을 위해서, 그렇게 말할까?" 정도로 대답을 하고 떠난다.

훗날 그는 이러한 자신의 한계를 독립운동의 동지로서 맞닥뜨리게 된 예전의 하인 구천이 반상(班常)에 갇힌 그의 도덕의식을 조롱할 때 처절하게 깨닫고서 통곡한다. "독립이라는 구실 아래 모든 것이 용납되는 현실에서 조선 시대 암행어사의 출두가 너무도 아름답게 느껴진다."라는 그의 자조도 군주제든 공화제든 나름의 근대를 준비하지 못한 채 바뀌고 만 세월 앞에 서야 했던 양반계급의 서글픈 넋두리다. 그러나 그 서글픔이 비단 이동진 그만의 서글픔이었을까? 식민 지배와 민족 분단의 시련을 거치면서 우리 역시 목욕물을 버리다가 아기까지 함께 버리는 사람들처럼 내 역사를 탈탈 털어버려 전승받은 자산도 없고 전통마저 단절된 채 천둥벌거숭이처럼 천박한 시장 속에서 염치없는 각자도생의 난전을 벌여온 셈은 아닐지….

어떤가, 이 대목에서 80년대에 불렀던 이른바 민중가요 〈의연한 산하〉가 떠오르지는 않는지.

가슴이 빠게지도록 사무치는 강산이여
머리끝에서 발끝까지 거부한다던
복종을 달게 받지 않겠다던

굳게 서 있으라 의연한 산하

쉬지 말고 흘러라 의연한 강물아

NL(National Liberation, 민족해방)이니 PD(People's Democracy, 대중민주주의)니 하는 식으로 이른바 '노선'이 분명하게 갈리기 전 1980년대 초반의 운동 가요에는 이처럼 유난히 '산하'니 '강토'니 '고국'이니 '산천'이니 하는 노랫말들이 많았더랬다. 한편으로 더 나은 세상에 대한 구체적인 그림이 그려지지 않아서였다고도 할 수 있을 테고, 다른 한편으로는 저마다의 그림이 다를지라도 산천과 약소국의 민족이라는 매개로 그 차이를 넘어서고자 했던 것이라고도 볼 수 있을 것이다.

『토지』에서 목수 윤보는 말한다. "제 몸 낳아주고 키워준 강산을 남 줄 수 있는 일가? 천민인 우리네, 알뜰한 나라 덕 보지도 않았다마는…"

이렇듯 민족이란 존재의 근원, 자존감의 출발점일 터. 다만, 근대 민족주의가 자본가의 주도로 해외 팽창을 도모하는 과정에서 침략과 수탈을 일삼게 되면서 편협한 집단 이기주의처럼 매도되고 민족주의 대 국제주의, 혹은 민족(우선)주의 대 계급(우선)주의 운운하는 대치의 도식도 생겨났으리라.

한국의 학생운동에 대해 나는 공공 부문과 관련한 몇몇 논문에서 일종의 대행주의(substitutionism), 혹은 "한국 지식인 운동의 과잉 비대화" 같은 표현을 쓰곤 했었다. 식민지 지배를 거치면서 자체적인 자본가 그룹이나 노동자의 성장이 모두 지체되어 그 빈 공간을 각각 식민지 통치의 말단을 담당했던 관료가 한 축을, 그리고 노동자와 비슷하게 같은 공간에서 비슷한 생활을 하는 학생운동이 다른 한 축을 맡아 대신했다는 의미였다.

국가 주도의 중화학공업화가 진행되고 1987년 이후 대기업 노동운동이 약진하면서 상대적으로 학생운동의 위상이 퇴조하고 대신 각 부문 시민운동이 등장하는 배경, 국가기구와 관료 못지않게 재벌 총수의 정치·사회적 영향력이 확대되는 배경도 그 연장선상에서 설명했더랬다.

영업의 자유나 고용의 자유와 같은 자본가로서의 권리, 이를 쟁취하기 위해 왕권에 맞서 시민혁명을 진행시켰던 서구 부르주아지의 경험이 생략된 한국의 민간 자본가들은 대신 국가권력과의 결탁을 통해 초기 축적을 추구했다. 그 과정에서 특히 한국의 민영화는 재계의 판도를 바꾸는 주요 계기로 작동해왔다.

그런 이유에서 나는 종종 한국에서 시장주의는 때로 엄청난 진보를 의미한다는 주장을 하곤 했다. 가족 경영이 곧 비효율을 의미하는 것은 결코 아니지만, 예컨대 일부 사학 재단이나 족벌 기업의 탈법과 꼼수로 가득 찬 세습 경영, 일부 언론사나 종교계의 특권적 세습 경영 행태들을 보면 경제 원론에서 가르치는 교환의 원리, 즉 근대 시장주의하의 형식적 평등, 다원주의적 경쟁이 얼마나 아름답고 훌륭한 진보인가를 절감하게 되는 것이다.

발달한 시장과 그에 상응하는 정치적 민주주의를 경유하지 않은 소련과 동유럽에서의 사회주의, 그리고 지금도 사회주의라는 깃발을 내걸고 있는 나라들에서의 주된 체제 작동 원리는 이를테면 '엘리트 전위(vanguard)에 의한 대행', 혹은 관료에 의한 중앙 집중적 통제가 기본 틀이 되고 있는 것 같다. 그래서 이들을 두고 때로 '봉건 사회주의'라는 일종의 형용모순의 표현을 쓴 적도 있지만, 태생적으로 불평등한 신분제에서 형식상 대등한 계약 혹은 교환, 즉 시장으로 전환하는 근대의 개막은 칼 폴라니의 말처럼 '거대한 전환'이라 하겠다.

우리의 경우 국정원이나 검찰 같은, 때로 초헌법적 권력을 불사해온 권력 기구가 여전히 버티고 있거니와 '관원 대리 사회'라는 말이 시사하듯이 경제, 교육, 문화 전반에 걸쳐 국가기구의 압도적 지배력이 작동하고 있다. 한편으로 강력한 시장 외적 국가기구와 다른 한편으로 국가기구와 때로 유착하고 때로 갈등하는 재벌 대기업 지배하의 기형적 시장, 그 사이에서 우리 사회가 작동하고 있다. 그래서 우리의 '미완의 근대화'는 여전히 '현재 진행형'이라고도 말할 수 있을 것이다.

사정이 이렇다 보니 한국의 경제학도들은 시장 원리를 중심으로 하는 주류 경제학과 교환 이전의 자산 상태를 포괄해 빈부 격차의 원리까지를 분석하고자 하는 여타 비주류 경제학 중에서 어느 하나만으로 한국 경제를 분석하는 데에 한계를 느낄 수밖에 없다. 한국의 이 비효율적인 관료주의와 비효율적인 시장 사이, 역설적이게도 이 지점에 한국 경제학도들이 독창성(originality)을 발휘할 가능성이 있다고도 하겠다. 때로는 에너지 넘치는 공정한 시장을, 때로는 민주적인 규제를 함께 고민하면서 더불어 살아가는 시민사회의 품격과 시스템으로서의 국가 역량을 다 같이 도모하는 그 과정이야말로 도전해볼 만한 가치가 있는 탐구의 지점이리라.

2
닥치고 경쟁력,
해고의 자유를 허하라!

유럽의 한 식당에서 마주친 한국인 부부는 두 사람 모두 곱게 나이 든 분위기며 매너가 참 따뜻했다. 마침 현지 TV 뉴스에 한국의 노동쟁의 장면이 나오자 부부는 몹시 불편해했다. 안에서 우리끼리 볼 때와 달리, 나라 밖에서 보는 붉은 머리띠의 격렬한 집회 장면을 남들이 어떻게 볼까 마음이 쓰인다는 것이다.

이들 부부는 결혼 생활 수십 년 차에 모처럼 부부 동반 여행을 나왔단다. 기업 임원인 남편은 20대 이후 평생을 아침 7시면 집을 나서는 일과가 몸에 배었고, 이번에 포상 휴가로 나온 여행 기간 동안에도 저녁이면 현지 바이어들과의 식사 약속으로 바쁘다고 부인은 불평했다.

남편은 정리 해고에 반대하는 집회 장면을 보면서, "가뜩이나 경제가 어려운데 저렇게 '막가파식 투쟁'을 벌여서 어쩌자는 건지…." 하며 혀를 찼다. 그러게, 이 '경제'라는 녀석은 도대체 나 어렸을 때부터 좋다는 적이 없었으니….

그는 또 혼잣말처럼 이렇게도 말했다. "사람 자르는 일이 얼마나 어려운데 오죽 경영이 어려우면 정리 해고를 하겠어."

그러면서 유휴 인력을 그대로 두면 기업도 죽고 그나마 남아 있는 사람들도 결국은 다 일자리를 잃을 수밖에 없다고 답답해했다. 다만, 해고 대상과 의논 한마디 없이 경영상의 어려움을 빙자해 일방적으로 통고하는 한국 사용자들의 행태가 노사 불신을 조장한다는 한국 현지 노사 전문가의 말에는 전후 산업화 세대의 전형인 듯싶은 그도 한숨만 쉴 뿐이었다. 평생을 나름 근면하게 살아왔을 그의 나라 걱정, 공감이 갔다.

그렇다면 정리 해고에 반대해 고공 농성을 하고 삭발에 단식 농성을 하는 이들은 또 오죽하면 그런 극단적인 방법으로 의사표시를 할꼬. 어떤 이는 엄혹했던 군부독재 시절의 순혈주의적 정치투쟁이 관성으로 남아 근로조건 다투는 경제투쟁에서도 걸핏하면 삭발이요 단식이요 최고 수위의 투쟁 수단을 동원하는 거라고 짜증스러워하는데, 그런 거라면 소아병적 영웅주의로 치부하고 대응하면 될 터.

문제는 실업 연금이나 재취업을 위한 직업훈련 제도가 부실한 상태에서 해고는 곧 가족의 생계 불안을 의미하고, 그렇다 보니 목숨을 건 저항에 나서게 되는 더 많은 경우다. 이런 악순환을 끊지 않고서는 대한민국의 미래 경쟁력은 암울하기만 하다.

경제가 발전하면 사양산업은 퇴조하기 마련이고, 또 마땅히 그래야 사회가 발전한다. 시대에 뒤떨어진 작업장 설비들을 거기 근무하는 종업원들 때문에 마냥 유지할 수도 없는 노릇 아닌가. 따라서 해당 산업 종사자들은 구조 조정의 대상이 될 수밖에 없다. 기업이 변화에 능동적이려면 구조 조정이 효율적으로 이루어질 수 있어야 한다. 혁신의 유연성이 구조 조정에 달려 있는 셈이다.

다만, 구조 조정이 갈등 비용 없이 효율적으로 이루어지려면 해고되어도 직업훈련을 거쳐 새 일자리를 얻을 수 있도록 사회 안전망과 평생 직업훈련 시스템이 잘 갖추어져 있어야 한다. 복지는 시혜가 아니라 산업 경쟁력을 위한 투자라는 얘기는 이미 앞에서도 했다. 경제 발전에 유연하게 대처할 수 있는 해고의 경쟁력은 결국 이런 시스템에 달려 있다.

최저임금 인상과 관련해 2018년 5월 최저임금 산입 범위를 둘러싸고 벌어진 논란도 같은 맥락에서 살펴볼 수 있을 것이다. 외환위기 이후 자영업자가 이례적으로 늘어나면서 한국은 OECD 국가 중 자영업자 비율이 유난히 높은 나라여서 최저임금 인상이 영세 자영업자들에게 끼칠 부정적인 영향, 그리고 최저임금도 받지 못하는 사각지대의 노동자들에게 끼칠 영향을 우려하는 이가 많았다. 여기에 이런 걱정을 과장하면서 임금 인상 자체에 반대하는 일부의 분위기가 가세해 논란은 더욱 거세었다.

소득을 늘려 내수를 확장하고 이를 안정적인 성장 기반으로 삼으려는 문재인 정부의 기조에 찬성하는 사람들조차 최저임금 인상

외에 보육비와 교육비, 의료비, 실업수당, 노인수당 등 기초 안전망을 갖춤으로써 안정적인 소비 기반 및 소득 기반을 갖추기를 기대했다. 여기서도 기초 안전망이 시혜가 아닌 갈등 조정과 경영 효율 향상을 위한 투자임을 확인할 수 있다.

그러나 단기 수익성에 목맬 수밖에 없는 개별 기업들에 이런 변화를 알아서 준비하고 받아들이도록 하는 데는 한계가 있다. 이런 이해관계를 조정하기 위해 정치가 있고 정부가 있는 것 아닌가. '정치적 근육력'이라는 말들을 하지만, 그게 정치권 일부에만 해당하는 말은 아닐 것이다. 그런 조정의 역할을 잘하는 정치인을 길러 내고, 필요하면 그들을 위해 기꺼이 정치 후원금도 내는 국민, 그런 정부를 선택하고 감시하는 국민의 정치적 근육력이 배양될 때 비로소 '따뜻한 성장'도 가능할 것이라 생각한다.

3
놀이의 품격, 노동의 품격:
잘 놀아야 일 잘한다

"머가 싫네 싫네 해도 내사 오뉴월 글밭 매는 기이 젤 싫더마."
『토지』에서 아낙네들이 목화밭 밭둔덕에 엎드려 호미질을 하면서
하는 말이다. '글밭'은 '그루밭'의 준말로 밀이나 보리를 베어내고
다른 작물을 심은 밭을 일컫는다. 대학원 시절 경제사 시간에 배운
지식으로는 우리네 목화밭과 면포 산업은 일본의 공장제 대량생산
면제품들이 들어오면서 밀려나고 조선 농업은 일본 자본주의에 식
량을 대는 쌀농사 단작 구조로 바뀌었다고 한다. 그래서 나는 목화
라고는 본 적 없고, 그저 꽃가지 끝에 뽀얀 솜이 부숭한 꽃꽂이용
열매만을 보았을 따름이다.

『토지』에 따르면, 보리 사이에 심은 목화는 보리를 베어내고 타
작이 끝나면서 무럭무럭 자라기 시작한다고 한다. 그러니까 오뉴월
뙤약볕 아래에서 타작이 끝난 보리 뿌리를 호미로 뒤집어 목화가

잘 자라게 거름으로 만드는 작업을 하면서 아낙네들이 힘든 노동을 불평하는 대목인 것이다. 어린 시절 고향 마을에서 들었을까? 박경리 작가는 힘든 노동을 하면서 부르는 아낙들의 노동요도 찾아내어 함께 소개하고 있다.

> 전라도라 동백산에 실패 겉은 울 어무니, 임으 정도 좋지마는 자식 사랑 그리 없나, 반달 겉은 나를 두고 임을 따라 간 곳 없네.
> 두만네의 가락이 마알갛고 쨍하니 뜨거운 들판을 울리며 멀리까지 퍼져 나간다. 목청이 좋기로는 두만네가 아낙들 중에선 으뜸이다. 그 두만네가 노래를 부르며 하는 말.
> "옛적부터 이야기는 거짓말이라도 노래는 참말이더라고 옛적에도 골골마다 그런 일이 흔히 있었던갑다." (1부 1권(1권) 310쪽)

1980년대 학생운동 당시 유행했던 풍물패는 지금도 웬만한 대학에 빠지지 않는 동아리로 남아 있다. 외국 것 베끼기에 열심인 세태를 생각할 때 전통 풍물놀이를 지키는 젊은이들이 기특하다. 그러나 어떤 이는 그 연습 소리가 너무 시끄럽다고 짜증을 낸다. 그래서 생각해보니 타악기와 관악기가 주류인 풍물놀이는 역시 들판에서 한바탕 몰아붙여야 제맛일 테고, 그것은 역시 농경사회에 어울리는 놀이 문화라는 생각도 든다. 기계가 빠르게 돌아가는 산업사회를 지나 디지털과 인공지능이 노동의 리듬을 규격화하는 정보화사회에서는 아마도 비트 리듬이 제격일지도 모르겠다.

맥락은 조금 다르지만 관광버스 안에서 몸을 흔드는 중늙은이 계군들의 놀이 문화를 보면 눈살을 찌푸리기 전에 서글픈 생각이 든다. 내면에 누적된 중노년의 어떤 에너지가 제대로 발산될 길이 없어 그저 팔다리를 흔드는 것으로 비어져 나오는 그런 장면을 보면 저들에게 어울리는 적당한 놀이 문화가 있었으면 하는 안타까운 생각이 먼저 드는 것이다.

그럼 젊은이들의 놀이 문화는 어떨까? 여름철이면 피서지마다 젊은이들의 진한 애정 표현이 보기 흉하다는 TV 뉴스가 아직도 적지 않다. 그러나 이 경우에도 역시 젊은이들의 넘치는 성적 에너지를 배출하는 문화적 통로가 우리 사회에서는 마땅치 않으니 기껏해야 이런 피서지 행각인가 싶어 오히려 그 출구 없이 방만한 젊음이 안쓰럽다.

그런가 하면 놀이 문화 못지않게 우리 사회의 '노동 문화' 역시 여전히 매우 미성숙하다는 느낌을 지울 수가 없다. 관공서나 기업에서 창구 업무를 보는 이들 중 사람을 앞에 세워놓고서 개인 전화에 열중하는 모습이 이따금 눈에 띈다. 주중 내내 아침부터 저녁까지 상급자가 퇴근하도록 자리는 지키지만 느슨한 커피 타임에다 스마트폰 뒤적이며 들락거리기, 부서마다 예산과 인력 확보 경쟁에 열 올리기 등 시간 때우고 자리 때우기가 우선인 경우도 부지기수다.

이처럼 우리 사회 한편에서는 적당한 놀이 문화의 빈곤으로 인해 여기저기서 흉하고 민망한 장면들이 속출하는가 하면 다른 한편에서는 노동 문화, 노동 기율의 개념 역시 사용자나 감독자의 눈치나

요령껏 살피는 정도의 매우 낮은 수준에 머물러 있는 경우가 많다.

그런데 우리의 놀이 문화의 빈곤과 노동 기율의 빈곤 사이에는 매우 긴밀한 관련이 있다. 여가의 시간을 충실히 누리는 훈련이 되어 있지 않은 사람이 노동의 시간인들 충실히 채울 수 있을 것인가. 이를테면 시간에 대한 자기 관리의 문화가 현저히 결여되어 있는 셈이다. 여가가 충실하고 즐거워야 노동이 보람 있고 즐겁지 않겠는가.

여름 한철 북적이는 피서지, 그때를 대목 삼아 바가지 상혼에 여념이 없는 피서지의 일회성 영업, 그럼에도 불구하고 그때밖에는 휴가를 얻어 쓸 수 없는 직장 생활, 이런 사회에서 건강한 놀이 문화, 책임 있는 노동 기율을 기대하기는 어렵다. 우리는 언제까지 이런 미개한 '시간 문화'를 고집할 것인가. 무엇보다도 긴 노동에 지쳐 휴식의 여유를, 놀이의 문화를 계발할 시간이 제대로 없다는 것, 여기서부터 출발해야 할 것이다.

지리한 공방으로 계류되어오던 근로기준법이 2018년 2월 말 개정되었다. 이에 따라 2018년 7월부터 300인 이상 대기업을 시작으로 주당 최대 근로시간이 68시간에서 52시간으로 줄어든다. 산술적으로만 따지면 총 근로시간 중 16시간이 줄어든 만큼 주당 16시간만 일하는 비정규직 일자리가 늘어날 수 있다. 근로시간이 줄어들어 연장 근무로 보전받던 임금 총액이 줄어든다든지, 특히 야근이 금지되면서 대신 집으로 서류를 싸 들고 가서 사실상 '무료 연장 근무'를 하는 일부 직종의 문제점 등도 향후 해결해야 할 과제로 지적되고 있다.

　또한 일자리 창출이 가능하다 하더라도 그 일자리의 질은 그다지 좋지 않을 가능성도 여전히 남는다. 이번 근로시간 단축 대상에서 제외된 5인 미만 영세 사업장에 대한 보호 조항이 빠진 것도 문제로 지적된다. 향후 근로 양극화가 더 심해질 수 있다는 얘기다. 한국노총에 따르면, 5인 미만 사업장의 근로자 수는 모두 558만 명으로 전체 임금노동자 수 1990만 명의 28.1퍼센트에 달한다고 한다.

　그럼에도 근로시간 단축의 첫발을 떼었다는 큰 의미를 과소평가할 수는 없다. 다른 한편에서는 이와 별도로 근무시간 단축과 함께 업무 효율화가 기업의 트렌드가 되어가고 있다. 정해진 시간에 자동으로 PC가 꺼지는 'PC 셧다운제'가 그 예다. 신세계그룹은 2018년 1월부터 주당 35시간 근무제를 도입했다. 이에 따라 전년도 12월 400여 명이던 이마트 야근자가 2월에는 18명으로 대폭 줄었다고 한다. 학원을 운영하는 종합 교육 기업 에듀윌도 주당 35시간 근무제 도입을 추진하고 있고, 배달의 민족은 이미 2017년부터 주당 35시간 체제를 운영 중이라고 한다.

　노동강도가 더 세졌다는 불만도 있어서 효과를 좀 더 지켜봐야겠지만, 2004년 법정 근로시간이 주당 44시간에서 40시간으로 단축되고 2005년부터 주 5일제 시행으로 달력에 토요일이 빨간색으로 표시됐을 때 여가 시간이 늘면서 문화, 스포츠, 레저 업종의 수혜가 두드러졌던 바 있다. 2005년 프로야구 관중이 전년 대비 40퍼센트가량 늘었고, 프로축구와 프로농구의 입장권 판매도 증가했다.

영화 시장의 총 관객 수도 2005년에 전년 대비 78퍼센트나 급증했다고 한다. 그로부터 13년 만에 이루어진 이번 법 개정이 기대를 모으는 배경이다.

한국노동사회연구소의 보고서에 따르면, 주당 52시간 상한제가 시행되면 일자리가 13만~16만 개 늘어날 것이라고 한다. 일본의 「노동시간 백서」 또한 1970~1987년 사이 일본 노동자들의 평균 근로시간이 1퍼센트 줄어들 때 노동생산성은 3.7퍼센트 증가했음을 보여준다.

OECD에 따르면, 2015년 기준 한국인의 1인당 근로시간은 연간 2113시간으로 조사 대상 35개국 중 34위였다. 해마다 300명 이상의 노동자가 과로사로 사망했다. 이제까지 우리는 저임금 장시간 노동을 경쟁력의 원천으로 삼아왔지만 더 늦기 전에 적은 노동시간으로 더 좋고 더 많은 성과물을 창출하는 사회 문화 시스템을 마련해야 할 것이다.

신인류의 탄생이라던가. 새로운 상상력을 요구하는 AI(인공지능)와 4차 산업혁명의 시대에는 놀이와 노동을 함께 누리지 못하는 사람은 도태되기 십상이리라. 그래서인가, "잘 놀 줄 아는 사람이 일도 잘하더라."라는 얘기가 여기저기서 심심찮게 들려온다.

4
'고용 없는 성장', 백수에게 축복을!

　　주유소, 편의점, 커피점 등에서 일하는 알바생들의 열악한 근로 여건과 인권 침해, 노동자 절반 이상을 차지하는 비정규직, 심각한 청년 실업률, 60세 이상 은퇴 가구 중 소득이 최저생계비에도 못 미치는 '은퇴 빈곤층' 비율 40퍼센트 안팎…. 일하는 사람들의 처지가 이렇대서야 경제성장의 의미는 퇴색할 수밖에 없다.

　　그뿐인가. 2017년 OECD 자료에 따르면, 우리나라 전체 근로자 중 자영업자의 고용 비중은 43.4퍼센트로, 미국(10.2퍼센트), 일본(13.1퍼센트), 독일(20퍼센트)과 비교해 턱없이 높다. 주요 국가 중 이탈리아(45.8퍼센트)를 제외하고는 가장 높은 수준을 기록했다. 게다가 자영업의 5년 생존율은 30퍼센트 안팎에 그치고 있다. 가계 부채의 상당 부분이 이들 자영업자의 생계형 부채일 것으로 추측되고 있다.

　　일하는 사람들의 이런 궁핍한 처지도 문제지만 그나마 일자리

자체를 찾지 못해 어쨌거나 '출근'하는 이들을 부러워하는 백수들의 처지는 더욱 안타깝다. 사정이 이렇다 보니 '고용 없는 성장'에 대한 두려움이 증폭되는 것도 무리는 아니다.

적지 않은 이들이 '고용 없는 성장'을 미구(未久)에 닥쳐올 '디스토피아(dystopia)'인 양 음울하게 말한다. 글쎄, 꼭 그럴까? 인간이 일하려고만 태어난 것도 아닐 텐데 말이다.

경제가 발전하고 노동 생산성이 올라가면 같은 물건을 만드는 데 드는 노동 투입은 줄어들기 마련이다. 실제로 모든 산업에서 기계화·자동화가 진행되면서 더 적은 노동의 투입으로 더 많은 생산이 가능해졌다.

19세기 산업혁명이 인류의 물질적 생산을 증진시켰다면 20세기 정보 기술(IT) 혁명은 인류의 자유 시간을 증진시켰다고들 말한다. 물질 가치에서 시간 가치로의 이러한 전환이야말로 유한한 인생의 '생애 주기'를 풍요롭게 해주는 진보가 아닌가. 그렇다면 21세기 AI(인공지능)와 4차 산업혁명이 아예 인간의 일자리 자체를 대체하리라고 걱정할 것이 아니라 일과 삶을 조화시키는 새로운 신세계를 준비하면 어떨까?

노동은 고역이기도 하지만 그 자체 자신을 둘러싼 자연과 세상을 마주하고 깨닫는 인식의 확장 과정이기도 하다. 그래서 노동은 사회를 지속시키기 위한 구성원들의 의무이면서 동시에 권리이기도 한 것이다. 우리 헌법도 근로의 권리와 의무를 나란히 규정하고 있다. 헌법 32조는 1항에서 "모든 국민은 근로의 권리를 가진다. 국가는 사회적·경제적 방법으로 근로자의 고용의 증진과 적정 임금의 보장에 노력하여야 하며, 법률이 정하는 바에 의하여 최저임금제를 시행하여야 한다."라고 규정하고, 이어 2항에서 "모든 국민은 근로의 의무를 진다. 국가는 근로의 의무의 내용과 조건을 민주주의 원칙에 따라 법률로 정한다."라고 말한다.

사실 인류의 역사 발전 과정은 노동시간의 단축 과정이었다고 할 수 있다. 그렇다면 현대 경제의 놀라운 생산성 증가에 맞추어 노동시간을 단축하고 노동의 기회를 공정하게 분배하는 것, 그리고 여가의 자유 시간을 고부가가치의 사회적 상상력에 투자하는 것, 이것이 일자리 창출의 정석 아닐까? 충분한 휴식과 여가 활동, 각종 사회 서비스와 교육·문화생활을 통한 창의력 투자는 다시 생산성 증가로 이어질 것이다. 또한 과도한 노동에 따른 질병이 감소하고 스트레스로 인한 범죄도 줄어들어 각종 사회적 비용도 절감할 수 있을 것이다.

산업혁명으로 주당 80시간이던 산업 선진국의 노동시간은 대체로 60시간대로 줄었고, 20세기 들어 다시 40시간대로 줄었다. 프랑스의 주당 노동시간은 35시간이라고 한다. 2015년 기준으로 우리나라는 멕시코의 연간 2246시간에 이어 2113시간으로 여전히 OECD 최장 노동시간을 기록하고 있지만 주 5일 근무를 조금씩 확대해나가고 있다. 구체적인 속도야 각국의 사정에 따라 조정될 일이지만 변화의 방향을 짐작할 수 있다.

일만 하던 세대로서는 사실 여유 시간이 주어져도 당혹스러울 수 있다. 이제는 개인도 사회도 일자리뿐 아니라 자유 시간을 나누어 노동의 기쁨과 휴식의 기쁨을 함께 누리는 공정하고 효율적인 시간 분배를 고민할 때가 된 것이다. 요즘 워라밸(Work and Life Balance)이라는 신조어가 유행하고 있는 것도 이런 추세를 반영한다.

고용 없는 성장을 노동시간 단축으로 받아들이면 모든 이가 철학하는 이가 될 수 있지 않을까? 『논어』 첫머리에 "배우고 때로 익히니 또한 기쁘지 아니한가." 하던, 그 배우고 깨닫는 인생의 기쁨을 누구나 누리게 되지 않을까? 특권층만 누릴 수 있었던 이런 인생의 관조와 희열을 이제 오랜 노동의 덕분으로 일하는 사람들 모두가 누릴 수 있는 그런 역사의 시간을 맞이했으면 좋겠다. 그리 되면 '고용 없는 성장'은 백수들을 위한 축복이 아니겠는가.

5
'낙하산'이 어때서?

문재인 정부 들어서는 노골적인 자기 사람 챙기기는 확실히 덜 해진 듯하다. 먼저, 정권의 성격이 달라졌거니와 정권 교체 이후에도 언론 환경이 썩 유리하지는 않은 탓에 매사 신중하게 조처하는 때문 아닐까 짐작해본다. '이명박근혜' 정권 동안 망가질 대로 망가진 한국 언론은 '기레기'라는 민망한 신조어까지 듣게 되었지만, 정작 그 주역들이 여전히 언론계 요로를 장악하고 있어서 때로 몰상식한 정권 때리기가 자행되었으니까.

그중에서도 특히 학부모, 교사, 교수, 학생, 재단, 여기에 사교육 업계까지 이해 당사자가 복잡하게 얽혀 있는 교육 동네, 여의도 정치판에는 "제일 미운 놈 교육부 장관 시킨다."라는 말이 있다던가. 성공한 장관이 되기 힘들고 욕만 얻어먹기 십상이어서 가장 미운 정적을 교육부 장관에 앉힌다는 말이라고 한다.

교육 동네를 비롯해 단기간에 성과를 내기 힘든 경제 분야 역시 정권 흔들기에 가장 만만한 동네여서 문재인 정부는 때로 심하다 싶을 만큼 대통령 지지율을 비롯하여 여론 동향에 바짝 신경 쓰면서 개혁의 속도가 때로 지지부진하는 모양새였다. 하기야 여소야대 국면, 개혁에 대한 지지자들의 기대는 여느 때보다 높지만 국정 운영을 하는 데 대통령 지지율 말고 뭘 믿고 나아가랴. 어쨌거나 2018년 6월 지방선거에서 압승을 거두었으니 청와대 수석들이 온통 대통령 지지율에 마음 졸이는 조급함을 좀 벗어날 것인가 기대들을 하는 듯도 했다.

문재인 정부 들어 덜해지긴 했으나 말 많고 탈 많은 '낙하산' 논란은 정권이 바뀔 때마다 뉴스의 단골 메뉴다. '내로남불'이라고, "내가 하면 로맨스, 남이 하면 불륜"이라더니, 내가 하면 국정 철학을 공유하는 '인재 영입'이요, 남이 하면 '코드 인사'란다. 그래서 정권 초기엔 매번 '선거 공신 보훈 인사', 혹은 '낙천·낙선 인사 챙겨주기'라는 귀에 못이 박힌 구호를 치켜들고서 여야가 공수를 바꿔가며 핏대를 올린다.

낙하산 시비가 가장 화려했던 건 아마도 이명박 정부 시절이 아니었을까? 당시 'MB 사람 물갈이'의 폭풍은 워낙 거셌다. 공공 기관뿐 아니라 이미 민영화된 지 오래인 포스코나 KT의 CEO가 임기를 남겨둔 채 물러났거니와, 'MB맨'으로 불리던 김승유 하나금융지주 회장, 강만수 KDB산은금융지주 회장, 어윤대 KB금융지주 회장, 이팔성 우리금융그룹 회장 등을 두고는 '금융 사대천왕'이라는 별

칭까지 등장했었다. 정연주 KBS 사장을 비롯하여 참여 정부 당시의 공공 부문 기관장들을 억지 오명을 씌워 찍어냄으로써, 공공 기관을 사물화(私物化)한다는 비난을 받기도 했다.

박근혜 정부가 들어서자 이번에는 같은 집권당이면서도 친이–친박으로 계파가 다른 탓인지 'MB 사람 몰아내기'의 물갈이 폭풍이 못지않게 사나웠다. 정부 출범 초기 총리 후보자 및 장관 후보자들이 줄줄이 낙마하면서 인사 실패, 혹은 이른바 '인사 참사'를 겪었는데 그래서인지 낙하산 논란의 맥락은 더욱 복잡하고 휘발성도 강했다.

특히 박근혜 정부는 당시 용산 참사의 사회적 후유증이 여전히 가라앉지 않았음에도 참사 당시 경찰 책임자였던 김석기 전 서울지방경찰청장을 공기업인 KAC한국공항공사 사장으로 임명하면서 낙하산 논란을 키웠다. 해당 사안과 관련한 당사자의 법적 책임은 차치하고, 또 해당 공기업과 관련한 당사자의 전문성도 차치하고, 새 정부에게 정치적 부담이 클 그런 '낙하산 논란'의 인사를 굳이 강행한 배경과 맥락은 보통 사람으로서는 아무래도 납득하기 어려운 일이어서, 모종의 거래일지 입막음일지 뒷공론이 무성했었다. 그런 사안들이 이어지다 보면 '국정 철학을 같이하는 인재의 영입'조차도 속절없이 낙하산 인사로 도매금으로 매도당하기 마련이다.

오랜 식민지 지배 속에서 대한민국은 민간 기업가나 전문 경영인이 충분히 자라날 수 없었다. 『토지』에서 학병으로 징용에 끌려가는 조선의 젊은이들을 두고 나누는 대화다.

"누가 그러더구나, 일석이조라구. 전쟁에 써먹으니까 좋고 조선의 두 뇌를 없애는 데 그 이상 좋은 방법은 없다는 거야. 만일의 경우를 생각해서 후환을 없게 하는 것도 되구 말이야. 그 아이들이 없으면 누가 앞장서서 일을 도모하겠니?"

"뿐이겠니? 또 있어. 기존의 지식인들은 모두 반역자로, 제 자식을 제 손으로 죽이는 것과 다를 바 없는 그런 죄인으로 만들었지." (5부 4권 (20권) 247쪽)

그래서 박경리 작가는 말하는 것이었다.

"여기저기 모두 상처투성이다. 집집마다 일본 놈 피해 안 받은 사람이 없고. 따지고 보면 친일파도 피해자 아니겠니? 민족 반역자가 됐으니 말이야." (5부 4권(20권) 238쪽)

정부 수립 후 취약한 민간을 대신해 국가 주도의 경제 발전이 주를 이루었다. 그 과정에서 벌어진 정경 유착의 역사 때문에 한국은 '연고 자본주의(crony capitalism)'의 오명을 듣기도 한다. 이제는 민간 기업의 덩치가 커져서 몇 개 기업이 수출의 절반을 차지하기도 하고 따라서 그들의 목소리도 커졌지만 여전히 한국은 정치권과 관료의 입김이 세다.

또 월급은 많이 주는지 몰라도 안정된 양질의 민간 부문 직장이 상대적으로 적다 보니 공공 부문은 '신이 내린 직장'이라거나

'신이 감춰둔 직장'이라는 질시와 비아냥을 받으며 걸핏하면 '동네 북'이 되기도 한다. 한편에서는 공공 부문의 규율 이완과 방만 경영을 빗대어 "공무원의 모토는 오늘 일도 내일 하자."라는 좀 지나친 우스개가 나오기도 한다.

그러나 기실 한국 공공 부문의 효율성은 그렇게까지 나쁘지는 않다. 이런저런 국제 비교에서 한국의 공공 부문은 상대적으로 양적 규모는 작지만 비교적 양질의 서비스를 제공하는 것으로 평가받는다. 다만 정경 유착과 부패의 골이 깊어서 특히 공무원의 경우 유착과 부패를 막기 위해 1~2년, 심지어 6개월을 단위로 순환 보직 인사를 실시해왔다. 해당 직책을 파악할 만하면 자리를 옮기게 되고, 직무의 전문성은 산하기관을 만들어 의존하는 일이 적지 않았다.

그렇다 보니 한국의 공공 부문 기관장에는 해당 부서의 퇴임 관료나 정치권 인사가 옮겨 오기 십상이었다. 노조를 비롯해서 해당 공공 기관의 구성원 역시 정권과 코드가 맞는 기관장이 와서 외풍을 막아주고 조직의 위상을 높여주기를 기대하는 경우가 적지 않다. 외환 위기 이후 한국의 공공 부문이나 민간의 지배 구조가 많이 달라졌다고는 하지만, 경영의 효율성이나 투명성에서 한국의 경영 인프라는 아직 부실한 점이 많다. 아직은 전문 경영인 풀(pool)이 취약한 것이 현실이기도 하다.

현실이 이럴진대 옥석을 가리지 않는 상투적인 '낙하산 논란'은 자칫 국민들을 지치게 해서 정치에 대한 냉소주의를 키울 수도 있다. 정치 냉소주의나 정치 무용론(無用論)은 정치를 통해 기존 질서를 바꾸고자 하는 개혁파의 노력을 무력화함으로써 본의든 아니든 기득권 집단을 이롭게 만드는 것이 아니던가.

　미국은 '엽관제(spoils system)'라고 해서 정권 교체와 함께 공무원 고위직 상당수가 교체되는 전통을 가지고 있다. 본래는 '교체 임용주의(doctrine of rotation)'라고 19세기 초중반에 선거에서 이긴 집권 정당이 공무원을 대폭 인사 교체했던 데서 유래했다. 1829년 이를 처음 도입한 제7대 대통령 앤드루 잭슨(Andrew Jackson)은 공직을 널리 국민들에게 개방함으로써 진정한 국민의 의사를 국정에 반영할 수 있다는 취지를 내세웠다고 한다. 다만 집권 정당이 관직을 전리품(spoils)처럼 나눠 갖는다는 비아냥거림에서 엽관제라는 속칭이 생겨난 것이다. 그래서 이러한 관료제를 흔히 '정당 관료제'라고 부르기도 한다.

　나라마다 역사적 맥락이 다르니 우리의 경우 어차피 정치적 셈법으로 떠드는 낙하산 공방이야 우리의 정치 수준이 높아지기 전까지는 어쩔 수 없을 것이다. 그래도 임원 선임 절차와 경영 감시 장치를 잘 갖추어 옥석을 가린다면 좀 낫지 않을까? 이들 절차들과 장치들은 조금씩 나아지고는 있지만 아직 개선의 여지가 많다. 공공 부문의 경우 흔히 공중(公衆)의 공익적 경영 감시를 내세우지만 구체적으로 사외 이사 혹은 공익 이사의 풀은 충분치 않아서 종종 시민 단체 활동가들이 그 역할을 맡기도 한다. 재정 기반이 취약한 일부 시민 단체는 '정권의 이중대(二中隊)'라는 논란에서 자유롭지 못한 경우가 적지 않다.

이런 한계를 염두에 두되, 먼저 공공 부문의 종업원, 관련 소비자단체, 공익단체 등 다양한 이해관계자들을 더 폭넓게 참여시켜서 이들의 활약을 활용하면 어떨까? 다양한 이견들을 조율하는 문화적 인프라도 키워가고, 이권이나 챙기고 조직을 망치는 낙하산을 걸러내어, 진짜 '국정 철학을 공유하는 인재'가 능력을 발휘하게 말이다.

6
입시, 욕망의 품격

『토지』에서 청백리의 후손으로 연해주 항일운동에 매진하는 이동진은 막상 자신의 아들 상현에게는 일본으로 유학을 가라고 종용한다. 이런 시절일수록 피가 나게 배워야 한다고 아들을 몰아세워 결국 일본으로 유학을 보낸다.

오늘 대한민국이 선진국 문턱에 서 있다지만, 일본의 앞선 기술과 후발 중국의 추격 사이에서 샌드위치 신세가 되어가고 있다고 조바심치는 사람도 적지 않다. 그들은 4차 산업혁명의 시대에는 교육이 중요하다고 강조한다. 석유가 나길 하나, 희토류가 있길 하나, 다른 자원이 풍부한 것도 아니고…. 그래, 가진 것 없는 나라, 피가 나게 가르치는 것 말고 예나 이제나 달리 경쟁력이 있을라고.

나의 천직은 기자려니 했는데 중간에 교수로 인생행로가 바뀌었을 때 어머니는 "어렸을 적 소꿉장난할 때부터 너는 학교 장난을 좋아했어!"라며 다소 엉뚱한(?) 격려를 하셨었다. 그러나 나는 '학생들을 한결같이 사랑으로 이끄는 교육자'일 수 있을까 겁이 나서 교수 부임을 앞두고 기자 시절 선배한테 "학생들한테 실망하면 어떡하느냐." 하고 의논했다. 선배의 대답은 간단했다. "학생들이 미워지면 당장 그만둬! 선생 자격 없는 거야!"

때때로 나는 내가 교육자 직업을 갖게 된 건 '학교 다닐 때 선생님들을 충분히 존경하지 않은 벌'이라는 생각을 하곤 한다. 필시 인격이 부실한 탓일 텐데, 초중고 다닐 때 선생님들한테 받은 격려 못지않게 상처받은 일들이 종종 기억난다. 집안이 넉넉했는지 무용 과외를 하던 내 짝꿍 친구를 따로 불러 음악 과외도 받으라고 설득하던 음악 전공 담임 선생님, 앞자리 친구가 이성 문제로 결석을 하고 사고를 냈는데 전날 같이 하교하는 걸 봤다는 이유만으로, 그리고 내가 키가 더 크다는 이유만으로 내게 무언가 혐의를 두고 추궁하던 또 다른 담임 선생님.

그래도 수학 전공이었던 고 1 때 담임 선생님은 채점을 도와주었다고 우리를 빵집에 데려가셨는데 앙증스런 헤어 캡을 쓰고 하얀 에이프런을 두른 서빙하는 소녀가 부러워 문득, "저는 나중에 빵 나르는 사람 하고 싶어요!" 했을 때 퍽 놀라시더니 그러나 다음 순간 하하 웃음을 터뜨리시며, "그래, 이런 데서 친절하게 일하면 좋지." 하시는 것이었다. 우아한 인테리어에 깨끗한 유니폼, 거기에 '삘이 꽂힌' 철없던 10대 시절의 에피소드인데 지금도 그 선생님을 생각하면 마음이 따뜻해진다. 지금 생각해보니 당시 나이 지긋한 중년

이셨던 것 같은데 우리 또래처럼 담백하시던 선생님.

선생님의 말 한마디로 마음이 커지기도 하고 쪼그라들기도 하던 그 시절. 그러고 보니 어린 시절 한 해의 행·불행은 상당 부분 담임 선생님한테 달려 있었던 것도 같다. 지금의 교사들이야 그 시절 '꼰대' 선생님들과는 전혀 다른 세대, 그래도 담임 선생님에 의해 한 해의 운이 달라지는 건 지금도 마찬가지가 아닐지.

나 자신 교수 생활을 한 세월이 얼마인데, 그런데 내게는 지금도 스승의 날이 영 불편하다. 강의실에 들어설 때 학생들이 불러주는 〈스승의 은혜〉 노래를 들을 때면 매번 목이 메기 때문이다. 학생들 보기 민망해서 안 그러려니 하는데도 작년에도 그랬고 재작년에도 그랬고, 매년 듣는데 매년 그랬다. 아마도 여전히 '학생들을 사랑으로 이끄는 교육자의 길'이 힘에 부치고 막중해서일까?

그래서 스스로를 위로하는 '비결'이 있다. "어리석은 이는 가르치려 하고 현명한 이는 배우려 한다."라는 어디선가 들은 속담이다. 또 학생들에게 "가르친다는 것은 곧 배우는 것"이라는 격언을 종종 인용한다. 실제로 교단에서의 세월이 길어질수록 학생들이야말로 나의 스승이었음을 깨닫는다.

실타래 엉키듯 얽혀 있는 복마전의 우리 교육. 교육이 문제라고 누구나 말하지만, 공교육을 정상화해야 한다고 누구나 말하지만, 그 방법과 내용은 각자 처한 위치에 따라 저마다 제각각이다. 게다가 규모가 십수조 원에 이른다는 사교육 시장 종사자들의 정치권 로비 실력이며 입김은 또 워낙 세련되어서 아무리 잘난 사람도 교육부 장관을 하면 욕이나 먹기 십상이다. 좀처럼 칭찬 듣기 힘든 자리이니 미운 사람을 교육부 장관으로 보낸다는 말도 나오는 것이다.

사실 대기업과 중소기업의 양극화, 정규직과 비정규직의 양극화, 수도권 명문대학과 지방대학의 양극화, 심지어 같은 서울에서도 강남과 강북의 입시 양극화, 이런 양극화의 벽을 허물지 않는 한 교육 현장에서 입시 위주의 경쟁 교육을 바꾸는 데는 한계가 있다.

결혼 시장에서 중소기업 직장인은 불리하다. 비정규직이면 대기업에 다녀도 불리하긴 마찬가지다. 그러니 대기업 정규직이 되려면 명문대학에 들어가야 하고, 명문대학에 합격하려면 사교육비를 쏟아부어야 한다. 오죽하면 대학 입시를 가리켜 '대한민국의 계급 투쟁'이라는 말까지 나왔을까?

그렇다면 맹자의 어머니가 아들의 교육 환경을 위해 세 번 이사하는 이야기 '맹모삼천지교'를 서울 강남 8학군 열풍에도 비유할 수 있을까? 강남 8학군은 부동산 투기, 수도권 집중, 교육 양극화 등 우리 사회 여러 병폐를 압축하여 상징한다.

'서울은 만원이다'는 이미 1960년대에 나온 소설 제목이지만 수도권과 지방의 양극화, 대기업과 중소기업의 양극화, 그리고 정규직과 비정규직의 양극화는 한 몸뚱이라고 해도 좋을 것이다. 서울에 본사를 둔 대기업들이 지역 중소기업을 외주·하청화하고, 중소기업은 저임 노동에 기대어 연명하는 반면, 대기업의 조직 노동자들은 정규직으로서 고용 안정과 고임금을 보장받는 구조적 연관을 맺고 있기 때문이다. 인구 절반이 수도권에 모여 사는 나라, 그런데 수도권 집중을 더 실감 나게 하는 것은 지방의 인구감소다. 1980년대 인구 20만 명이던 지방 소도시 중 상당수가 지금은 인구 5만 안팎으로 쪼그라들었다고 한다.

최근에는 수도권 인구가 소폭 감소했다는 통계도 나온다. 통계청이 2017년 4월 발표한 '2015 인구주택총조사 표본 집계 결과'에 따르면, 2010년 11월 초 거주지를 기준으로 수도권 순 유출 인구는 16만 3000명이다. 1970년 인구주택총조사에서 인구 이동 항목 조사를 시작한 이래 처음으로 순 유출 인구가 증가했다는 것이다. 지난 2010년 조사 때는 순 유입이 20만 명으로 집계됐었다고 한다. 특히 서울은 57만 1000명 빠져나갔다는데 순 유입 인구는 경기도가 34만 3000명으로 가장 많았고, 세종시(5만 7000명), 충청남도(2만 4000명)순으로 나타났다.

이것만으로도 수도권 감소의 신호가 아니냐, 지역 균형 발전의 신호가 아니냐, 기대들을 쏟아내지만 문제는 수도권 유출 인구가 진출한 곳이 충청, 강원, 그리고 전북 북부까지만이라는 것이다. 영호남은 여전히 수도권으로의 인구 유출이 훨씬 많다. 그래서 이를 수도권의 축소가 아니라 수도권의 확장이라고 우려하는 이들도 적지 않다. 서울 도시 철도 1호선이 천안~아산까지 연결되고, 경춘선이 개통되면서 충청·강원권이 수도권으로 급속히 편입되고 있다는 것이다. KTX나 SRT를 타고 대구나 광주 사람들이 서울의 병원을 찾고 서울로 쇼핑을 온다는 이야기의 연장이다. 실제로 2017년에는 전국 인구가 지방에서 수도권으로 1만 6000여 명 순 이동했다는 보도가 있었다.

세종시와 혁신도시 건설이 마무리되면서 인구의 지방 분산 효과가 그나마 줄어드는 것 같다는 진단도 있다. 따라서 균형 발전 2단계로 공공 기관 이전에 이어 일자리를 가진 기업이 지방으로 갈 수 있게 지원해야 하고, 또 수도권보다 더 나은 교육, 문화, 의료 시설을 공급해 수도권 인구를 끌어들여야 한다는 제안이 이어지고 있다. 지역의 대학과 기업을 키워 지역 인재가 수도권으로 빠져나가지 않게 해야 한다는 것이다.

이에 따라 정부는 2018년 2월 1일 대통령과 17개 시·도지사, 13개 부처 장·차관, 유관 기업 및 주민 등 500여 명이 참석한 가운데 '국가 균형 발전 비전 선포식'을 개최하고 2022년까지 지역 인구와 일자리 비중을 전체의 50퍼센트 이상까지 확대키로 했다. '지역이 강한 나라, 균형 잡힌 대한민국'이라는 주제로 열린 이날 행사에서 문재인 대통령은 "국가 균형 발전 정책이 일관되게 추진되지 못해, 국토 면적의 12퍼센트인 수도권에 전체 인구의 50퍼센트, 상위 1000대 기업 본사의 74퍼센트가 밀집해 있는 등 여전히 지방의 어려움이 계속되고 있다."며 "국민 모두가 어디서나 골고루 잘사는 '사람 중심 균형 발전'을 추진하고, 지역 주민이 구체적으로 삶이 좋아졌다고 느끼도록 하겠다."라고 밝혔다.

정작 이런 지역 격차의 핵심에는 교육이 있다. 같은 유교권 국가라지만 우리의 교육열은 유난히 높아서 예전부터도 "소 팔아 자식 대학 교육 시킨다." 해서 대학을 '우골탑(牛骨塔)'이라고 부른다거나 내 아이를 위해 학교에 드나드는 학부모들의 '치맛바람' 등 여러 속어를 양산해왔다. 또 교육개혁이란 게 단기간에 성과를 내기 힘들고 내 아이의 성공에 목매는 학부모, 사교육에 이해관계가 걸려 있는 학원 세력, 학생 종합부의 신빙성을 둘러싼 교사 불신 등 욕망이 들끓는 복잡계라고 할 수 있다. 하지만 실은 그렇기에 더더욱 꾸준히 일관된 방향을 제시하고 추진하는 정부가 필요하다.

이와 관련해 대학 서열화 해소 방안으로써 권역별로 혁신 대학을 확산하자는 제안은 사실 일찍부터 있었다. 2018년 지방선거에서도 혁신 학교의 확대는 중요 공약이었고, 실제로 그런 공약을 내건 이들이 대거 당선되었다. 2012년 당시 김상곤 경기도 교육감은 이런 초·중등 혁신 학교의 성공을 권역별 혁신 대학으로 확산시킬 것을 제안한 바 있었다. 서열 위주 대학입시를 바로잡아야 초·중등교육이 정상화된다는 취지로 당시 총·대선을 앞둔 정치권에 관심을 촉구하면서 그 일환으로 권역별로 특정 국립대학을 혁신 대학으로 지정하고 서울대 수준으로 육성하면서, 이 대학을 중심으로 권역별 대학 혁신 네트워크를 형성하자는 것이었다. 나아가 그는 공무원과 공기업의 직원 채용에서도 권역별 할당제를 결합하자고 제안했다. 또 서울대를 비롯해 일부 대학이 실시하고 있는 '지역 균형 선발'을 모든 대학으로 확대해 신입생의 25퍼센트 이상을 지역 할당제로 선발할 것도 제안했다.

그의 제안 중 이보다 더 흥미로운 것은 고용노동부 장관을 위원장으로 하고 한국경영자총협회(경총)와 중소기업중앙회 등이 참여하는 국가직업교육위원회를 설치해 전문대학을 체계적으로 관리하자는 구상이다. 기업 연계형 전문대학을 육성하자고 제안하면서 그는 전문대학의 등록금을 일단 반값 등록금에서 출발하되 점차 고교 무상교육과 함께 무상화해나가자고 그 재원 방안을 제시하기도 했다.

이런 제안은 초·중등교육 정상화를 넘어 권역별 '혁신 대학'을 지역경제 발전의 거점으로 삼을 수 있다는 점에서, 그리고 지역 중소기업 발전을 통해 대기업, 중소기업 간 격차를 해소하는 방안일 수 있다는 점에서 앞으로 논의를 통해 발전시켜나갈 필요가 있다고 본다.

문재인 정부는 입시 위주 교육과 대학 서열화를 개혁하기 위해 국·공립대학 네트워크, 공영형 사립대학 육성 등을 대선 공약으로 내걸고 출범했다. 입시 제도 개혁에 과도하게 몰입하는 우리 사회의 교육개혁 담론은 사실 대학 서열화의 해소가 선결되어야 길이 보이는 것이고, 대학 서열화는 또한 대기업 – 중소기업, 정규직 – 비정규직, 수도권 – 지방이라는 사회 진출 고비마다의 양극화가 해소되어야 길이 보이는 것이어서 혁신 대학을 비롯한 대학 개혁의 담론은 서로 물려 있는 이들 고리를 해결하는 중간 고리에 해당한다고 할 수 있겠다.

대기업 – 중소기업, 정규직 – 비정규직, 수도권 – 지방의 양극화는 단기간에 해결될 수 없는 우리 사회의 묵은 구조 문제다. 그렇다보니 입시 제도나 교육개혁 의제에 와서 이해관계가 충돌하는 것이고, 교육 동네는 신분 상승의 욕망, 그 치열한 이해관계가 충돌하는 장이 되고 있다. 문재인 대통령이 대선 당시의 공약과 달리 국가교육회의의 장을 대통령이 맡지 않고 민간에서 발탁한 배경도 자칫 그 이해관계의 소용돌이에 대통령이 휘말림으로써 다른 개혁의 동력조차 상실하는 상황이 벌어질까 우려한 때문이 아닐까 싶다. 박근혜 대통령 탄핵 후 조기 대선으로 출범한 정부, 대통령의 높은 지지율로써 개혁 동력과 정책의 추진력을 삼을 수밖에 없는 정부의 처지를 감안할 때 충분히 이해가 가는 대목이다.

입시 제도 개선이 공론화위원회로 넘어갔던 것 역시 우리 사회의 입시 문제가 더는 옳고 그름의 영역에서 따질 수 없는 이해관계의 문제가 되었음을 의미하는 것이었으리라. 다른 한편, 그것은 우리 사회가 비로소 각자의 소신과 의견의 옳고 그름을 넘어 이해관계를, 갈등을 조정하는 타협과 합의의 훈련 과정에 들어갔음을 보여주는 것이었으리라. 입시니 교육개혁이니 하는 것들이 전문가의 영역, 소신의 영역이 아니라 갈등 조정의 영역임을 비로소 인식하게 되었다고나 할까?

부디 이런 사회적 훈련들이 쌓이면서 점차 아동 학대 국가라는, 유치원 시절부터의 사교육 열풍에서 벗어나 미래의 창의력을 준비하는 교육, 그리고 강남 - 강북, 수도권 - 지방, 대기업 - 중소기업, 정규직 - 비정규직 등등 곳곳의 양극화를 해소해나가는 여정을 준비할 수 있었으면 좋겠다. 대기업과 중소기업이 함께 성장하고 정규직과 비정규직의 격차가 해소되어야 숨 가쁜 '스펙' 경쟁 대신 학생들 저마다의 개성과 창의력에 주목할 수 있을 테니까. 거꾸로 부모의 경제력에 관계없이 교육 기회가 균등하도록 교육 복지가 보편화되면 계층 간 이동이 활발해지고 사회 양극화는 그만큼 멀어질 수 있을 것이다.

3부

갈등의 품격

1
경제 위기?
위기와 기회 사이

1905년 을사늑약을 전후한 무렵, 흉흉한 시국 분위기 속에 남도 마을에서도 난리가 날 것이라고 한바탕 소동이 벌어진다.

"난리가 난다면 우리 겉은 사람은 워찌 될 것이요?"

"아 유식자들이 그러더마, 양놈들하고 왜놈들하고 결국 붙을 기라고."

"붙으면 저희끼리 붙을 일이지, 우리 조선 땅하고 무슨 상관이더라고?"

"고래 싸움에 새비 등이 터지더라고, 영락없는 그 판이지. 난리가 난다면 동학당한테 쓰던 철포 대포는 유도 아닐 기고 한방 터지기만 하믄 산이 무너진다 카든가. 그뿐인가, 양놈 왜놈이 이쪽저쪽에서 개미 떼맨치로 기어 올라올 판이니 볼장 다 보는 게지."

"그, 그러면 워쩔 것이요? 검정콩 볶아서 산에 가야겠소잉, 이?" (1부 2권(2권) 333쪽)

『토지』에서 평사리의 주모 양산댁과 목수 윤보가 나누는 대화다. "검정콩 볶아서 산에 간다."라는 대목에서 당시 백성들이 느꼈을 불안과 공포가 실감 난다. 국운이 위기에 처한 시기, 결국 한일 합방으로 나라는 식민지로 전락하고 해방 이후에는 또 동족상잔의 전쟁을 겪고, 험한 세월을 넘어 산업화·민주화를 이룩했다고 하던 참에 1997년 외환 위기를 겪어냈다.

그런데 여전히 지루한 일상을 자극하는 선정적인 위기설, 상업적으로 과장된 각종 위기설이 난무한다. '위기'라는 말이 남발되다 보니 언어도 인플레이션이 되는 건지 사람들의 위기의식은 오히려 무뎌지는 듯싶다.

자본주의에서 균형은 우연이고 불균형이 오히려 정상이라고 설파했던 '불황의 경제학자' 존 케인스(J. M. Keynes)처럼 우리는 이제 웬만한 위기에는 '또 그런가 보다' 하고 넘어간다. 인간 자체가 제 뜻과는 상관없이 부조리한 우주 속에 던져진 어처구니없는 존재이고, 인생 자체가 위태로운 줄타기의 연속인지도 모르겠다. 게다가 도무지 이 경제라는 작자는 내 어릴 적부터 툭하면 위기라니, 위기 아닌 적이 있었나 싶기도 하다.

자본주의 시장경제의 속성상 불황과 호황은 주기적으로 반복되는 것이라더니, 세계경제가 2008년 금융 위기 이후 10여 년에 걸친 불황 국면을 빠져나와 서서히 회복 국면으로 돌아서고 있다는 진단이 조심스럽게 나오고 있다. 우선 미국 경제가 조금씩 살아나고 있고 아베노믹스(Abenomics)를 둘러싼 논란은 여전하지만 일본도

'잃어버린 20년'의 최악의 국면은 벗어나는 조짐이라고 한다. 2008년 미국발 금융 위기에 이어 2010년 이후 유럽을 비롯한 각국의 재정 위기가 이어져 긴 불황이 계속되었는데 10여 년이 지났으니 이제 세계 경기가 회복 국면으로 돌아설 주기가 된 것 아니냐는 말도 나온다. 2018년 현재 경기 호조세가 뚜렷한 미국은 이미 금리 인상 등 긴축으로 돌아서고 있고, 유럽과 일본도 그간의 양적 완화 기조를 거둬들이려 하고 있다.

유럽의 재정 위기는 금융 위기 동안 공적 자금을 동원해 금융 회사를 살리느라 진이 빠진 각국 정부의 재정이 악화된 탓이었으니 금융 위기의 연속편으로 볼 수도 있을 것이다.

당시 이처럼 계속되는 '위기'에 견디다 못한 사람들이 점령 시위에 나섰더랬다. 당시 시위대는 "우리는 1퍼센트의 탐욕과 부패에 저항하는 99퍼센트!"라는 외침과 함께 금융 위기의 진원지였던 뉴욕 월가의 점령을 시작으로 미국 주요 도시를 넘어 유럽과 남미, 전 세계로 점령 시위를 확산했다. 당시 시위대는 '군사용 무인기 전시전'을 열고 있던 워싱턴의 스미스소니언박물관에 몰려가 무인 공격기 사용과 국방 분야 예산 과다 지출에 항의하면서 빈부 격차 외에 다양한 사회문제로 항의를 확장하기도 했다.

그리하여 1980년대 금융 자유화 이후의 불평등 심화에 대한 비판이 고조되는 와중에 다른 한편에서는 워런 버핏(Warren Buffett) 같은 투자의 달인이 "내 비서도 소득의 36퍼센트를 세금으로 내는데 나는 17.4퍼센트밖에 내지 않는다."라며 상위 0.3퍼센트의 부자들에 대한 증세를 촉구했다. 또 프랑스의 억만장자 16명이 부유층에 '특별기부세'를 신설해달라는 청원서를 제출하기도 했다.

당시 독일에서는 '부자 증세를 위한 부유층 모임'이 아예 "2년간 5퍼센트의 '부유세'를 내면 1000억 유로의 추가 조세수입을 거둘 수 있다."라는 내용의 성명을 발표했다. 이탈리아의 자동차 회사 페라리의 회장도 "부자들이 세금을 더 많이 내는 것이 마땅하다."라고 부자 증세를 지지하고 나섰다.

그런데 파생 상품의 남발과 과도한 레버리지로 투기의 정글처럼 비판을 받지만 금융 세계화는 본래 '자본의 국제 이동'을 원활하게 하여 선진국 유휴자본의 효율성(투자수익률)을 제고하고 자본 부족에 시달리는 후진국의 경제개발을 촉진하는 데 역사적 의의가 있지 않던가. 일국 내에서나 국제적으로나 종종 금융의 '공공성'이라는 표현을 쓰면서 규제의 효율성을 따지는 이유도 금융이 본래 가진 이런 포괄적인 사회 기능에 주목하기 때문일 것이다.

돌아보면 각국에서 온 인종들로 들끓던 이민노동자의 나라 미국은 내전(Civil War, 남북전쟁)까지 겪으면서 이질적인 동부와 서부, 남부와 북부를 묶어내는 아메리카'합중국'(United States of America)을 형성했다. 프랑스와 독일의 지원에 힘입어 가까스로 그리스의 디폴트 위기를 넘긴 유럽'연합'(European Union)도 이질적인 인종과 계층을 통합해가기까지 여정이 만만찮을 것이다.

그러니 위기와 기회는 종이 한 장 차이일까? 사실 노동조합이 합법화되고, 노동조합의 단체협약이 인정된 것은 1930년대 대공황

기였다. 당시 소련은 자본주의에 반대하는 붉은 사회주의 깃발을 치켜들고 노동자 국가를 자처하며 공업화에 속도를 내고 있는 상황이었다. 그런 역사적 상황에서 노동조합을 합법화하고 단체협약을 제도화한 것은 노동자의 소득이 일정 수준 보장되어야 대중 소비가 살아나고 경기를 살릴 수 있다는 자본주의의 위기 극복 방안, 시장의 자기 구제 방안이었던 셈이다.

금융 위기에 이은 각국의 재정 위기는 시장과 자본주의의 자기 혁신을 요구하면서 실인즉 다시 한번 인류에게 전환의 기회를 제시하는 것이었다. 그리하여 국제통화기금(IMF), 국제부흥개발은행(IBRD), 경제협력개발기구(OECD) 등 그동안 긴축재정과 규제 완화, 시장 개방을 강조해왔던 국제 경제기구들이 포용적 성장(inclusive growth)을 이야기하고 재정을 풀어 빈부 격차를 줄여야 한다고 권고하고 있다. 국제노동기구(ILO)가 강조하는 임금 주도 성장이나 소득 주도 성장도 비슷한 맥락이리라.

매년 1월 세계의 부자들과 각국 정상들을 비롯해 고위급 정책 담당자들이 스위스 다보스에 모여 한 해 경제를 가늠하는 세계경제포럼(WEF), 일명 다보스포럼에서도 2017년 '포용적 성장'을 주제로 선정해 보고서를 내놨다. 세계경제의 경착륙을 막고 4차 산업혁명 시대에 대응해나가기 위해서는 글로벌 차원에서 포용적 발전, 공정한 성장에 대한 깊이 있는 논의가 필요하다는 것이다.

2018년 1월의 다보스포럼에서도 세계적인 불평등 심화에 대한 경고가 이어졌다. 영국의 시민 단체 옥스팜(Oxfam)은 2017년 창출된 부의 82퍼센트를 전 세계 1퍼센트의 최고 부유층이 차지한 반면 하위 37억 명의 부는 전혀 증가하지 않았다는 보고서를 발표했다. 2010년 이후 억만장자의 부는 연평균 13퍼센트씩 증가했지만 일반 근로자의 임금 상승률은 연평균 2퍼센트에 그쳤다는 것이다.

2017년 당시 다보스포럼은 4차 산업혁명 시대에는 개별적인 성장이 아니라 광범위한 협력이 성공의 필수 요소라고 강조했다. 따라서 포용적 성장이 더 중요하다는 것이다. 협력을 바탕으로 앞으로는 시스템적으로 생각하고 플랫폼 차원에서 접근하는 것이 중요하다. 플랫폼이 구축되는 과정에서 중요한 것은 경쟁적 협력 또는 협력적 경쟁이다. 월가 시위, 각국 부자들의 증세 요구에 이어 불평등한 세계화를 포용적 성장으로 바꾸자는 목소리가 커지고 있는 지금, 바야흐로 전환의 기회가 오고 있는 것일까?

그런데 위기를 기회로 반전시키기 위해 먼저 할 일이 있다. 위기에도 나락에 떨어지지 않도록 최소한의 사회 안전망을 갖추는 것이 그것이다. 그래야 세계화 속에서도, 4차 산업혁명의 물결 속에서도 모험과 실패를 두려워하지 않는 도전의 용기가 생겨날 테니까. 위기의 순간에도 나만 먼저 살겠다고 약자를 밀어뜨리는 그런 야만을 경멸하면서 더불어 살아가는 시민의 품격을 지킬 수 있을 테니까.

2
루스벨트 대통령과 노동자

　거리 시위가 유혈 사태로 번지는 후진국 뉴스를 보면서 '저기는 우리보다 더 한심하구나.' 착잡해질 때가 있다. 광주항쟁이 떠올라 남의 일 같지 않은 안쓰러운 마음도 든다. 촛불 집회로 부패한 대통령을 탄핵해 새로운 정부를 세우고, 그리고 판문점 남북 정상회담을 통해 한반도 평화 정착에 바짝 다가서고 보니 이제 비로소 그간의 고된 길을 돌아보며 허리 펴는 기분이랄까? 때론 '우물에서 숭늉 찾듯' 성급한 기대와 조급한 실망이 교차하지만 그래도 이만하면 스스로 대견하지 않은가, 이젠 자긍심을 느낄 만하지 않은가 뿌듯하지 않을 수 없다.

　대공황의 와중이던 1932년, 미국 민주당 대통령 후보 프랭클린 루스벨트는 당시로서는 새로운 시도였던 라디오 연설을 통해 공화당의 허버트 후버 대통령을 물리쳤다. 새로운 정치, 새로운 협약의

'뉴딜정책'을 내걸었던 그는 전통적으로 보수적인 남부의 민주당원을 비롯해 불만에 가득 찬 농민, 노동조합원, 실업자, 흑인, 소수 인종 및 소수파 종교인 등등 각양각색의 유권자 표로 대통령에 당선되었다.

흔히 말하기를, 루스벨트 대통령은 미국인 특유의 실용주의적 태도로 이들의 다양한 요구를 다듬어나가는 과정에서 자신의 정치적 지지 기반을 넓혔고, 단체협약을 합법화함으로써 사회적 타협이라는 새로운 산업 전통을 만들어냈다고 한다. 그런가 하면 그런 정책들 때문에 그는 정적들로부터 '빨갱이'라는 색깔 논쟁에 휘말리기도 했다.

다시 1936년 재선 유세에 나선 루스벨트는 "사적 이윤과 자유기업 체제를 구원한 것은 나의 행정부였다."라고 역설했다. 한편에서는 그의 뉴딜정책이 노동자의 일자리와 소득수준을 지킴으로써 국내시장의 구매력, 즉 내수를 유지하고, 그리하여 기업의 판로를 보장했다고 평가한다. 다른 한편에서는 루스벨트 대통령의 정책이 결국은 미국의 노동자계급 전체를 미국 대자본의 소비 체제 속에 통합시키는 것이었다고 폄하하기도 한다.

어쨌거나 처음부터 땅덩이 넓고 자원은 풍부한데 일손이 달리고, 체통이나 명분에 매일 만한 낡은 전통이나 봉건 지배 질서도 대수로울 게 없었던 '신천지 아메리카'이고 보면 여러 가지 조건이 우리와는 사뭇 다른 게 사실이다. 그렇더라도 '후발자의 이익'이란 게 무엇이겠는가. 먼저 겪은 나라들에서 참고할 거 참고하고 버릴 거

버리는 이익일 것이다.

언론은 곧잘 "노동자의 집단 이기주의 때문에 국민경제가 타격을 받는다."라는 말을 한다. 일부 외국 언론도 한국이 이만하면 이제 살 만해졌는데 노동운동은 여전히 실용성 없이 너무 과격하다고 꼬집는다. 대기업 노조와 공공 부문 대형 노조가 한국의 노동운동을 '과잉 대표'하는 현실을 그렇게 표현한 것이라고 하더라도 노동자 절반이 비정규직인 데다 OECD 최고를 자랑하는 악명 높은 한국의 장시간 노동시간, 10퍼센트 안팎의 노동자 조직률로 OECD 최저 수준을 기록하고 있는 한국의 노동 현실을 보면 온당한 표현일까 고개가 갸우뚱해진다.

무엇보다도 노동자의 이해관계와 국민경제를 이렇게 대립 짓는 상투적 어법이야말로 국민경제의 건전한 발전에 커다란 장애물이라는 점이다. 그런데도 이런 식의 상투적 편견은 작게는 소규모 영세 사업장에, 크게는 여야 정치권과 고위 정책 당국자에 이르기까지 매우 뿌리 깊게 남아 있다. 노동자들과 더불어 사회의 이해관계를 조정한다는 사고와 문화, 사회적 합의의 훈련이 너무나 부족한 것이다.

아마도 루스벨트는 거창한 철학과 소신 못지않게 정치인의 감각으로 노동자들을 끌어들여 불황을 타개해나가지 않으면 정치적으로도 경제적으로도 사회 안정 기반이 협소해지리라는 것을 알았던 모양이다. 역사적으로 볼 때 대공황에서 미국을 구원한 것은 그의 뉴딜정책이 아니라 궁극적으로는 제2차 세계대전의 엄청난 수요 폭발이었다고도 한다. 정치인 루스벨트에 대한 평가 또한 엇갈릴 수 있다. 하지만 국민경제가 어려울수록 노동자가 배제의 대상이 아니라 정치적으로나 경제적으로나 적극적인 동반자라는 점은 충분히 받아들일 수 있을 것이다. 그게 바로 '후발자의 이익'일 터이다.

3
스워드 라인(sword line)의 토론

반가(班家)의 사랑에서 선비들이 고담준론(高談峻論)을 나누는 장면으로 『토지』에서 흥미로운 대목이 있다. 어느 한가한 오후 김 훈장과 조준구가 나누는 대화, 아니, 격론이다. 평사리 마을의 퇴락하고 고루한 양반 김 훈장이 서울 명문가의 자제인 양 문벌을 내세우는 친일파 조준구의 역관 행보를 빗대어 "총칼 들고 와서 산천을 다 먹겠다고 으르렁거리는 왜인들 입 노릇을 하는 역관 나으리, 권세와 재물에 환장한 무리들에겐 역관이 신주보다 어찌 소중하지 않을까 보냐." 운운하며 참기 어려운 모욕적 언사를 퍼부었던 것이다.

"노형."

조준구는 눈에 노기를 띠며 불렀다.

"말씀하시오."

"조정에서는 막여적이요, 향당에서는 막여치라, 내 노형의 연치(年齒)를 중히 여겨 참았소만 희롱이 지나치지 않소?"

따지는 폼이 역시 조야하지는 않다. 흥분한 나머지 마구 달려간 김 훈장도 다소 심했다고 깨달은 모양이다.

"희롱이라 생각지 마시오. 소생은 통분할 시태(時態) 얘기를 한 것이요."

어조를 낮추었다.

"그런 심산이라면 가납하겠소이다만 못 먹는 밥에 재 뿌리는 짓이야 시정잡배들이면 모를까 설마…." (1부 2권(2권) 27~28쪽)

반가의 자제들이 언행을 절제하도록 훈련받아 몸에 밴 절도에 대해 『토지』 여기저기에서 얘기하거니와 '시정잡배'와 구분 짓는 토론의 문화랄까, 아무리 격한 순간에도 넘지 않는 선이랄까? 흥미로운 대목이었다.

토론 문화와 관련해 10여 년 전 런던에 있을 때 영국 친구가 시민 단체 토론회에서 발제를 맡았다고 해서 따라간 적이 있다. 마을 회관 같은 데서 영국의 중동 정책을 주제로 열린 토론이었는데 인상적인 점은 그의 강연이 아니라 토론자였다. 발제자인 그는 국제관계 분야에서 세계적으로 명성 있는 교수였고, 토론자는 여고생 두 명이었다. 토론 시간을 정확히 지켜가면서 논리정연하게 자기주장을 펼쳐서 감탄했었다. 지정 토론이 끝나고 객석 토론 순서가 되자 여기저기서 손을 들었다. 놀란 나의 과장일지 모르겠으나, 참석자의 절반이 손을 들지 않았나 싶을 정도로 신청자가 많아 좌석 한

줄에 두 명씩 발언 기회를 주었던 기억이다. 영국의 토론 문화를 실 감케 해주는 장면이었다.

BBC는 매주 수요일 수상을 상대로 한 하원의 질의 토론 PMQ(Prime Minister's Question Time)를 생중계한다. 의회민주주의의 발상 지로서 영국을 상징하는 대표적인 프로그램이다. 학생들 책상보다 별로 크지 않은 탁자를 사이에 두고(전통적으로 의회 폭력을 막기 위해 의원 들이 서로에게 칼을 휘두를 수 없을 만큼 거리를 띄워놓았다고 해서 '스워드 라인(sword line)'이라고 부른다.) 수상과 야당 당수 간에, 질문에 따라서는 내각과 야 당의 섀도 캐비닛(shadow cabinet) 간에 뜨거운 토론이, 때로는 험한 공 방이 오고 간다. 뒷줄에 배석한 여야 의원들이 때로는 "예에~." 하 며 응원의 추임새를, 이따금 "우우~." 하며 야유의 추임새를 보낸다.

우리도 국회의 날치기 법안 처리를 둘러싼 몸싸움을 막는다고 2012년 '국회 선진화법', 일명 '몸싸움 방지법'을 도입했는데, 이게 다시 여야의 대치 속에 국회를 식물 국회로 공전시킨다고 해서 벌 써부터 개정의 목소리가 만만치 않다. 국회 선진화법을 만들 때 "대 화와 타협의 정치를 꽃피우는 씨앗"이 되리라고 했었는데 그런 정 치가 여전히 쉽지 않다는 뜻이겠다.

그러나 다시 생각해보면 이른바 '정치권'이라고 어디 우리와 무 관하게 별세계에서 왔던가. 그들 역시 우리의 일부요, 우리 스스로 의 한계를 반영하고 있을 것이다.

오랜 권위주의적 통치를 거쳐오면서 우리는 자신의 권익을 주 장하는 것에 익숙지 않았다. '집단 이기주의'라는 표현도 적어도

1980년대에는 들을 기회가 많지 않았다. 87 항쟁 이후 여전히 미흡하기 짝이 없지만, 절차적 민주주의가 일정 정도 확보되면서 여기저기서 내 권익을 주장하는 목소리들이 불거졌다. 그러나 아직은 내 권익을 주장하는 것에 익숙지 않아 때로 내 권익을 앞세워 남의 권익은 돌아보지 않는다거나, 소속 집단이나 사회 전체의 이해관계는 아예 안중에도 없는, 눈앞의 내 권익만 좇는 일들이 벌어진다. 뿐만 아니라 집단과 집단 간에 이해관계가 엇갈리는 사안에서 나의 기득권이나 권익에 해가 되는 주장이 나오면 곧바로 상대를 '집단 이기주의'로 매도해버린다. 사회 민주화에 치열해 87 항쟁의 상징으로 여겨지던 노동조합이 이제 사회 민주화는 제쳐두고 제 몫 챙기기에만 몰두한다고 해서 '전투적 실리주의'라는 조롱을 받기도 한다.

그러나 너그럽게 보자면 아마도 이 모든 광경이 우리가 전에는 아예 체념했던 자신의 권익에 눈떠가는 과정일 것이다. 그리고 이러한 과정을 잘 경과하고 나면 나의 권익을 주장하는 방법, 그러기 위해 남의 권익을 존중하는 훈련, 그리하여 사회 전체 속에서 각자의 주장과 이익을 조정하는 훈련들이 쌓여갈 것이다. 무엇보다도 남의 주장에 귀 기울이는 훈련, 비판에는 책임이 따른다는 인식, 권익은 책임과 불가분이라는 인식, 이런 것들이 공유되어야 할 것이다.

그런데 이러한 사회적 훈련이 자리 잡기 위해서는 매우 중요한 전제 조건이 따라붙는다. 외환 위기 이후 경제적 이해관계를 달리하는 집단 간의 다툼은 사회 안전망이 부실한 우리 사회에서 극단적인 형태를 띨 수밖에 없었다. 생존의 벼랑 끝에 선 사람들이 맨몸으로 울부짖는 것 말고 다른 도리가 없는 사회에서 토론, 이해관계의 조정을 기대하는 것은 무리도 한참 무리였기 때문이다.

노동 복지와 노동 법규의 미비, 번번이 번복되는 노사정 합의, 휴지 조각이 되어버리는 노사 협약, 무엇보다도 노부모 부양과 자녀 교육 등 가족의 생계가 걸린 구조 조정에서 당사자가 한마디 의견도 개진할 장치 없이 그대로 거리로 내몰려야 하는 우리 사회 곳곳의 왜곡된 의사 결정 구조, 이런 것들이 극렬한 저항을 불러오고 불필요한 사회적 갈등 비용을 치르게 만드는 것이다.

이렇게 보면 서로의 입장을 존중하고 이해관계를 조정하는 토론 문화는 결코 훈련만으로 되는 것이 아니어서 그럴 수 있는 일정한 제도적 장치, 정치·경제적 시스템을 요구하는 것이다. 친일파에 울분을 터뜨리면서도 조준구를 상대하며 평상심을 다스렸던 평사리의 김 훈장도 동학에 대해서는 양반에 대적한 폭도들, 대화의 여지가 없다고 생각했던 것이다.

그러므로 일정한 전제 조건의 마련이 없는 상황에서 상호 입장을 존중하자거나 이해관계를 조정하자고, 시민의 품격을 지키자고 한들 그것은 자칫 기득권자의 우아한 기만, 교묘한 자기방어가 될지도 모를 일이다.

4
유로존, 더불어 행복하려면

몇 년 전 필자도 참여한 『더불어 행복한 민주공화국(2012, 폴리테이아)』에서 필자들은 복잡하고 불확실한 현실에서 개인도 나라도 자신을 지키는 궁극적 안보는 개성과 연대가 함께 가는 역사, 곧 복지와 평화라고 역설한 바 있다.

우리 사회 보편 복지 논쟁에 불을 지핀 2009년 경기도 김상곤 교육감의 무상급식 정책은 당시 도의회 의석을 3분의 2 이상 장악하고 있던 수구 한나라당(당명이 바뀌어 새누리당을 거쳐 지금은 자유한국당) 의원들에게서 '야바위꾼', '시정잡배', '포퓰리스트' 등 온갖 수모의 말을 들어가며 관철해낸 것이다.

9년여가 지나 2018년 지방선거에서 낙선하기는 했으나 자유한국당 경남 지사 후보로 나선 김태호 의원이 전면 무상급식을 자신의 주요 선거공약으로 내걸었다. 자신들이 거세게 비난하던 정책을 주요 공약으로 내세우니 보는 이들이 좀 뻘쭘하달까 민망하기는 하지만 부디 보편 복지의 시민 의식이 거스를 수 없는 대세로 확산되어가는 과정이려니 기대해본다.

보편 복지의 시민 의식은 사회적 연대의 정치 문화와 상통하거니와, 보편 복지를 위한 보편 증세나 북한 어린이를 돕는 국가적 지원 프로그램이 모두 당장에는 일방적인 '퍼주기'같이 보이지만 결국은 그것이 개인적 차원에서나 국가적 차원에서나 자신을 지키는 정치적 · 경제적 안보의 지름길이기 때문이다. 나와 우리 아이들의 미래, 그 미래의 품격을 지키는 지름길이기 때문이다.

그렇다면 '지구촌'이라는 말이 유행할 만큼 네트워크로 연결된 오늘날, '국가(들의) 연합'은 어떠할까? 유럽연합의 경우, 2012년 그리스 재정 위기 당시 최대 채권국인 독일은 그리스의 도덕적 해이에 '퍼주기'를 한다는 일부의 비판에도 불구하고 여러 가지 득실 계산하에 그리스 사태 해결에 적극 나섰다. 그리스는 유로존(Eurozone)에서 차지하는 경제 비중이 3퍼센트 안팎에 불과하지만 그리스의 유로존 이탈이 가져올 파장은 만만치 않을 것으로 전망되었다. 가입과 달리 유로존 탈퇴에 관해서는 공식 규정이 없어 절차가 복잡하고 장기간이 소요되는 등 절차적 비용과 외교적 비용이 만만치 않으리라는 것이었다.

당시 혼란기의 그리스 국민들은 총선에서 좌우의 기존 정당을 제치고 신생 개혁 정당 '시리자(급진좌파연합)'를 선택했다. 시리자 출신 젊은 수상 알렉시스 치프라스(Alexis Tsipras)는 "유로존을 탈퇴할 수도 있다."라는 이른바 '벼랑 끝 전술'을 펼치며 버텼으나 결국은 독일 앙겔라 메르켈(A. D. Merkel) 총리의 협상안을 받아들이면서 유로존에 잔류하고 있다. 사실 그리스가 유로존을 탈퇴해 예전의 자국 통화 드라크마로 돌아간다고 한들, 제조업과 수출산업이 변변치 않은 그리스로서는 산업 경쟁력 회복 효과보다 오히려 환율 평가절하에 따른 수입 물가 급등, 유로화 표시 채무의 디폴트 증가, 무역금융 붕괴 등 경제적 피해가 막심하리라는 것을 잘 알고 있었을 터이다. 물론 유로존에 잔류한 그리스는 여전히 구제금융의 조건을 이행하는 과정에서 경기 침체, 실업률 증가, 임금 삭감 등 사회경제 불안에 시달리고 있다.

일부에서는 그리스 사태를 두고 그리스 기존 정부의 방만한 복지 지출이 이런 진퇴양난의 위기를 불러왔다고 하는데, 그리스의 국내총생산(GDP) 대비 복지 지출 비중은 금융 위기 속에서도 성장과 안정을 잘 이끌어왔던 스웨덴이나 덴마크, 독일 등에 비해 훨씬 낮다. 또 그리스인들이 연금 생활을 즐기며 게으르다고 지적하는 이들도 있는데, 그리스의 노동시간은 독일은 물론 여타 유럽 국가들에 비해 매우 길다. 다만 제조업이 변변찮아 민간 부문의 일자리가 부실하다 보니 공무원을 비롯한 공공 부문의 상대적 특혜와 연금 지출 비중이 그리스 경제에서 상대적으로 크게 부각된 점은 있었으리라.

다른 한편, 유로존 가입 이후 외국인 자본 유입 등 풍부해진 유동성으로 남유럽 국가들의 임금이 인상되는 동안 독일은 임금 인상을 억제해 수출 경쟁력을 확보해왔다는 점에서 독일 국민들의 구제 금융 반대는 이해할 만한 것이다. 심지어 독일이 제2차 세계대전 대학살이라는 원죄의 인질이 되어 위기의 유럽 경제를 떠받치면서도 찍소리 못한다고 자조하기도 했다니까.

그럼에도 불구하고 책임 있는 재정 정책을 집행할 통일된 중앙 정부 없이 단일 통화 유로를 만들어 통합 유럽의 헤게모니를 구사하고자 했던 유럽의 맹주 독일과 프랑스가 사태의 책임에서 자유로울 수는 없다. 유로화의 이러한 태생적 한계 때문에 남유럽 국가들에서 이들 서유럽 국가로 부가 이전되었다는 원망이 나온다. 특히 수출 비중이 높은 독일 경제는 유로화 사용의 최대 수혜자로 꼽힌다.

넘어진 희생자를 먼저 일으켜 세워야 한다는 낭만적인 정치 도의는 차치하고라도, 유로존 경제가 튼튼해야 독일의 번영도 지속 가능한 것이 사실이다. 우리도 지방자치단체의 재정난을 궁극적으로는 중앙정부가 떠안거니와 1980년대 저축 대부 조합의 부실로 타격을 입은 텍사스주가 연방 정부의 지원으로 회생한 바 있는 미국에서는 그 후에도 주택 거품 붕괴의 직격탄을 맞은 플로리다주에 연방 정부가 막대한 '구제금융'을 지원했다. 그러지 않았다면 '달러존'은 미합중국(United States of America)이 아니라 미분단국(Divided States of America)이 되었을지도 모른다.

유로존이 자본만 통합했을 뿐 노동은 여전히 분절화되어 자본의 공세에 시달린다고 비판하는 이들도 있다. 하지만 돌이켜보면 미합중국은 5년여의 내전, 곧 남북전쟁(1861~1865)씩이나 거치면서

'합중국'을 유지할 수 있었다.

　금융 통합, 재정 통합 등을 논의하며 갈 길이 먼 단일 통화의 고통스러운 제도 보완 과정을 거치고 있는 유로존, 타산지석(他山之石)이라는 말처럼 미합중국의 사례를 돌아보면서 더불어 행복한 지름길을 찾아야 할 것이다.

5
방탄소년단: 역사는 흐른다

앞에서 미국, 영국, 유럽연합의 이야기를 했으니 이쯤에서 오늘의 우리 이야기를 해보려 한다.

제네바의 국제기구에서 근무하는 후배네 아이들이 부쩍 자랐다. ILO 방문하느라 들렀을 때 꼬마였는데 이제 고등학생, 대학생이 되었으니 말이다. 한국에 살면서 정작 나는 '방탄소년단'이라는 복고스럽기도 촌스럽기도 한 것 같은 이름을 제네바에 사는 이들에게서 처음 들었다.

방탄소년단을 비롯해 이른바 한국의 아이돌 그룹이 유럽에 오는 날이면 학교에서 한국 학생들의 인기는 그야말로 '짱'이라는 것이다. 또래 친구들이 "한국 떠난 지 오래라지만 그래도 너희가 한국인이니 공연장 갈 때 가이드를 해달라."라며 몰려든단다.

한류 열풍이라는 게 〈대장금〉을 비롯한 한국 드라마가 중국 등

아시아 시장을 휩쓰는 그런 정도가 아니라, 이제는 팝송의 본거지인 미국과 유럽에서 정작 본토 아이돌을 압도하는 수준이 되었다는 얘기다.

공부 잘해서 매사 분석하기 좋아하는 나의 '꼰대 선배'(죄송합니다) 왈, 구미(歐美)에서는 일사불란한 동작으로 군무를 구사하는 댄싱 싱어 그룹이 퇴조하는 분위기인데 이 틈새를 한국 아이돌 그룹이 파고든 거라나? 전에 일본의 아이돌 그룹이 차지했던 위상을 지금 한국 아이돌 그룹이 대신하고 있고, 한국에서도 합숙과 집체식 고된 훈련을 더는 못 견뎌하는 때가 오면 그때는 아마도 대만이나 동남아의 어떤 아이돌 그룹이 그 자리를 대신하고 있을 거란다. 잘났어, 정말. 그건 그때 가서 보자고요.

자, 그런데 이 같은 한류 열풍으로 우리의 세계적 위상이 높아지면서 지금은 좀 덜해졌다고는 하지만, 여전히 해외에 나가 한국(Korea)에서 왔다고 하면 '북한인가, 남한인가(North or South)' 묻는 외국인들이 있다. 출장을 자주 가는 내 동료는 그때마다 아무래도 불쾌하고 마땅찮은 표정이 되면서 "보면 모르냐? 어딜 봐서 내가 북한 사람 같아. (당연히) 한국(South)에서 왔지."라는 투로 대꾸하는데, 자신의 그런 심기도 스스로 영 불편하거니와 평소에는 잊고 있던 세계 유일의 분단국 한반도의 현실을 새삼 실감하게 된다고 토로한다.

외국에 나가 있다 보면 유럽이나 미국 현지에서도 한반도를 둘러싼 뉴스가 이틀이 멀다 하고 월드 톱뉴스로 올라오는 것을 보게 된다. 김연아의 평창 동계 올림픽 성화 봉송 소식처럼 현지에서도 어깨가 으쓱해지는 뉴스도 있지만, 북한이 미사일 실험을 해서 북미 관계가 얼어붙었다거나(2018년 '4·27 판문점 선언'도 나왔으니 이제 달라지겠지. 아암, 모쪼록 그래야지.) 한국의 전직 대통령이 나라 예산을 개인 돈 쓰듯 하고 재벌 총수가 횡령으로 구속되었다는 등 한반도의 이미지를 불안하게 재생산하는 소식도 적지 않다. 이들 모두 국제금융시장에서 한국의 컨트리 리스크(country risk)를 부풀리고 국가 신인도를 부정적으로 만드는 요인이다. 외국에 나가면 모두 애국자가 된다던가, 국내에서 들을 때보다 훨씬 속이 상하고 마침 기분이 꿀꿀한 날이면 '불쌍한 내 조국' 하며 과장되게 가슴이 먹먹해지기도 한다.

중학교 때 사회 선생님은 "신라가 당나라의 힘을 빌려 삼국 통일을 하게 되면서 우리의 영토가 만주를 잃고 한반도로 쪼그라들었다."라고 말씀하셨었다. 어린 마음에도 그것이 퍽 애석하게 생각되었다. 하기야 지금은 세계화 시대, 영토의 의미도 전과는 다르다고 하지만 그래도 여전히 사람들은 고향과 고국을 그리는 애틋한 마음, 그런 '존재의 근원'을 소중히 여기지 않던가.

조금 더 철이 든 고등학교 시절 역사 선생님은 '동학란'(지금은 '동학혁명'이라고 하지만 그 시절에는 그렇게 불렀다)과 청일전쟁을 설명하시기를 청국과 일본이라는 외세가 개입하면서 우리 역사의 근대화 기운이 짓밟혔다고 하셨는데, 그때는 더욱 분하고 안타까운 마음이 들었다. 제 백성(동학 농민) 잡자고 외세를 끌어들여 제 땅을 강대국의 싸움터로 내주다니. 사춘기 예민한 마음에 분하고 슬픈 기분이 치미는 것이었다.

그런데 역사는 되풀이되는 것일까? 독도를 둘러싼 한일 분쟁, 센카쿠 열도를 둘러싼 중일 분쟁 등으로 동북아에 긴장이 높아지면 조급한 이들은 제2의 청일전쟁이 일어나는 것 아니냐고 지레 걱정하기도 한다.

이런 가운데 '2018 평창 동계 올림픽'에서 모처럼 남북한이 단일팀을 구성해 한반도 긴장 완화에 대한 기대를 모으더니 급기야 4·27 남북 정상회담의 판문점 선언이 나오고, 6·12 싱가포르 북미 정상회담으로 기존의 정전협정을 평화협정으로 바꾸자는 기운이 드높아지고 있다!! 이럴 때일수록 차분해야 한다고 한쪽에서는 평정심을 강조하지만, 아니! 이럴 때야말로 느낌표 하나로는 부족한 벅찬 기분을 마음껏 표출해도 좋지 않겠는가!! 감격의 민족적 파토스를 모아 향후 부닥치게 될 이런저런 고비를 넘기는 저력으로 삼아도 좋지 않은가!!!

오케이, 여기까지. 이제는 차분 모드로 좀 살펴보자.

돌아가신 어머니는 전에 김영삼 정권하에서 로버트 갈루치 미국무부 차관보가 남북한 당국자를 차례로 만나느라 방한했을 때 TV 뉴스를 보시다가 문득 말씀하셨다.

"얘, 아무래도 빨리 통일이 돼야지 안 되겠다."

"아니, 한총련 대학생들 데모하는 거 과격해서 보기 싫다고 하셨잖아요?"

"그래도 이게 뭐냐. 남북한이 모두 코쟁이 앞에서 쩔쩔매고…."

그러시던 어머니는 2003년 대구 하계 유니버시아드 대회에 참

가한 북한 선수들이 김정일 위원장의 사진이 찍힌 플래카드가 비에 젖은 걸 보고 눈물을 흘리며 경기 불참조차 호소하는 뉴스를 보시곤 다시 말씀하셨다.

"얘, 안 되겠다. 통일은 아무래도 좀 천천히 해야 되겠어."

"아니, 왜 또 마음이 바뀌셨어요?"

"위원장 사진이 비에 젖는다고 우는 애들하고 어떻게 같이 살겠니?"

나는 어머니가 이런저런 사정을 두루 살피며 걱정하시는 것이 참 좋았다. 하기는 우리 어머니는 평생을 '전업주부'로 사셨으면서도 워낙 시사 문제에 관심이 많은 분이셔서 청소하다가도 쓰레기를 옆에 쌓아둔 채로 신문 기사에 빠져들곤 하셨으니까.

그런데 얼마 전 강의 시간에 학생들과 토론을 할 때도 그랬다. 한쪽에서는 강대국 눈치 안 보게 통일이 되어야 한다고 주장하고, 다른 한쪽에서는 '수령'을 받드는 사람들과 어떻게 같이 사느냐고, 통일보다는 경제협력이나 하면서 지냈으면 좋겠다고 했다.

2018년 6월 싱가포르로 발표되었던 북미 정상회담을 트럼프가 돌연 하지 않겠다고 깜짝 선언하자마자 남북 정상이 만난 지 한 달 만에 다시 판문점에서 전격적인 2차 정상회담을 가지면서 북미 정상회담 논의가 다시 진행되었다. 당시 이 급박한 상황의 핵심은 북한의 체제 보장을 둘러싼 상호 간 불신과 이견 조율이었다고 한다.

이 대목에서 북한의 지배층을 위해서가 아니라 우리 자신들을 위해서 갑자기 북한 체제에 위기 상황이 닥쳤을 때 우리는 어떻게 할까를 생각해보게 된다. 예컨대 북한 주민이 배를 타고 혹은 지뢰 투성이라는 비무장지대를 넘어 남한으로 한꺼번에 떼 지어 넘어온 다면 우리는 어떻게 해야 할까? 총을 쏘아 북한으로 쫓아버려야 할까? 난민 수용소를 만들어 격리시켜야 하나? 아니, 그보다 어떤 이들은 북한 주민들이 남한으로 넘어오기보다 두만강 건너 중국으로 갈 것이라거나 아예 북한이 중국의 몇 번째 성(省)이 될 것이라고 이야기하기도 했다.

나의 학생들은 이런저런 걱정들을 이어가다가 이참에 우리가 강대국 틈새의 '샌드위치'가 아니라 '캐스팅 보터(casting voter)'가 되자고 했다. 남북 간 긴장으로 자신들 운명을 중국, 일본, 미국 등 강대국 손바닥에 올려놓을 것이 아니라 강대국 모두 포기할 수 없는 한반도의 전략적 포지션을 활용하면서 남북 모두 좀 실용적으로 처신하자는 얘기였다.

위기는 기회라고 했다. 돌아보면 한일합병의 전초전이 된 청일전쟁도 세계 질서 재편의 시기에 벌어진 일이다. 21세기 들어 특히 동북아는 중국의 부상과 함께 또 한 번 질서 재편의 소용돌이에 들어서고 있다. 더욱이 잠재적 수요 대국인 인구 대국들, 중국 외에도 인도와 인도네시아 같은 인구 대국들이 모두 아시아에 위치하고 있다. 21세기는 정녕 아시아의 시대가 되지 않을까? 이번이야말로 미래 세대에게 평화로운 한반도를 물려줄 수 있는 시대 재편의 호기가 아닐까?

문재인 대통령과 김정은 위원장이 판문점 도보다리를 단둘이

산책하며 담소를 나누는 장면, 만찬 자리에서 초등학생이 부르는 〈고향의 봄〉을 들으며 함께 감격하는 모습, 새로운 남북 관계에서 혹시 일본이나 중국이 찬밥 신세가 될까 걱정하며 '재팬 패싱(Japan passing)'이니 '차이나 패싱(China passing)'이니 하는 말들이 나오는 상황, 설사 그것이 과장된 지레의 경계라 할지라도 격세지감이 이만저만 아니다. 드디어 한반도의 운명을 우리가 주도적으로 끌고 가는 시대가 닥친 것일까?

그렇다면 일단 당장의 남북한 경제 사정만 먼저 살펴보도록 하자. 그동안 북한 핵실험 관련 기사가 나올 때마다 한국의 주가는 출렁이고 환율은 요동쳤다. 천안함 사태, 연평도 피격이 있었는데도 많은 이들은 잊고 있다가 또 그런 일이 터지면 "아 참, 우리가 휴전 상태의 분단국이지." 하고 새삼 깨닫곤 했었다. 한반도에서 평화의 경제적 편익도 다시 절실해지곤 했었다. 정전협정을 평화협정으로 바꾸자는 2018년 판문점 선언이 이른바 '좌우'를 막론하고 80퍼센트 안팎의 국민적 지지율을 기록하는 이유일 것이다.

2017년 10월 한국광물자원공사 자료에 따르면, 북한의 광물자원 잠재 가치가 한국의 14배에 달하는 3200조 원에 이르고, 이들 광물자원 개발을 중국이 독식하고 있다고 한다. 북한 관련 통계는 신빙성이 낮아서 기관에 따라 편차가 있고 때로 가공되기도 한다지만, 북한의 낮은 경제 발전으로 미개발된 자원이 많고 이를 중국이 독점하고 있다는 것은 대체로 인정되는 사실이다. 특히 북한이 10~50년의 장기 계약을 맺은 광산 10건은 모두 상대국이 중국인 것으로 조사됐다고 한다. 중국 자본이 북한 자원의 개발을 독점하다시피 하는 것을 두고 돌아가신 방송대 김기원 교수는 북한의 자원은 중국에게는 '노다지', 한국 자본에게는 '노터치(no touch)'라고 안타까워했더랬다.

한 연구에 따르면, 우리나라가 필요한 광물자원은 연간 약 307억 8000만 달러 규모로, 이 중 절반만 북한에서 조달해도 연간 153억 9000만 달러(약 16조 6000억 원)의 수입 대체 효과가 기대된다고 한다. 개발이 유망한 광종으로는 금, 아연, 철, 동, 몰리브덴, 마그네사이트, 인상 흑연, 인회석 등이 꼽히고 있다. 특히 우리 정부가 선정한 '10대 중점 확보 희귀 금속'인 텅스텐과 몰리브덴도 매장되어 있다는 것이다.

북한에는 또 중국이 전 세계를 상대로 큰소리치고 있는 희토류의 매장량도 상당한 것으로 알려졌다. 희토류는 한국이나 일본처럼 정보 기술(IT) 수출의 비중이 높은 나라에서는 그야말로 없어서는 안 되는 전략 광물인데 세계적으로 매장량이 특정 지역에 한정되어 있다.

남북 간 경제협력과 관련해 전문가들은 이런 수량적인 편익뿐 아니라 거대 시장인 중국과 러시아에 연결되고, 육로로 아시아 대륙과 유럽까지 연결되기 때문에 물류비용 절감 등 커다란 편익이 예상된다고 말한다.

이러한 편익은 남북한 간에 신뢰와 평화가 정착된다면 거둘 수 있는 '한반도 평화의 편익'이라고 할 수 있다. 남북한의 군사비 부담만 줄이더라도 다른 분야의 경제·사회적 투자를 늘릴 수 있다는 것은 누구나 잘 아는 예다.

11년 만의 남북 정상회담 이후 기대와 우려가 교차하지만, 한반도의 평화는 한반도의 지정학적 리스크를 현저히 줄여 국제금융시장에서 우리의 신용 등급을 크게 격상시키고 이자 비용을 절감시켜준다.

무엇보다도 한반도 평화의 편익은 남북한 주민의 생명과 자산이 안전해진다는 데 있다. 한국전쟁 이후의 숱한 간첩 사건과 무장공비 사건, 천안함 침몰과 연평도 포격 등으로 우리는 생명과 재산상에 큰 손실을 치러야 했다. 직접 피해를 당하지 않은 국민들도 불안과 분노로 말미암아 엄청난 정신적 비용을 치렀으며 여전히 치르고 있다.

한국은 미국, 중국, 일본, 북한, 러시아 각각과 서로의 평화 이익을 위한 가교 구실을 할 수 있는 지정학적 위상을 가지고 있다. 그러므로 동북아시아의 평화와 민주주의를 가르치고 미국과 중국이라는 양 강대국 사이에서 국제적 균형 감각을 갖춘 한국형 인재를 키워나가는 요충일 수 있다.

남북한 간 긴장이 고조되면 북한은 남북 경협 대신에 중국과 경제협력을 확대할 수밖에 없다. 북한의 중국 의존도가 심화되면 그만큼 남북 관계나 동북아 정세에서, 또한 미-중 관계에서 한국의 운신 폭은 좁아질 것이다.

그래서 '더불어 사는 평화교육'을 위해 '전쟁이 없는 상태'를 의

미하는 소극적 평화에서 더 나아가 개인과 사회, 자연이 조화롭게 공존하는 적극적 평화에 공감할 필요가 있다. 방역을 흔히 '제2의 국방'이라고 한다. 여기에는 구제역 파동을 비롯한 각종 방역 파동의 교훈을 통해 얻은 생태적 평화까지도 포함되어 있다.

지정학적 위치로 인해 강대국들의 파워 게임, 그 세계적인 이념 전쟁의 대리 전장이 되었던 한반도. 한반도의 역사적 질곡과 같은 이 '코리아 디스카운트(Korea discount)'를 '코리아 프리미엄(Korea premium)'으로 역전시켜 다음 세대에 넘겨주는 것이야말로 우리 세대의 숙제가 아닐까?

『토지』에서 자비를 들여 간도의 조선어학교를 운영하는 송장환은 생도들에게 말한다.

"전쟁에서 진다는 것은 어느 시대를 막론하고 처참한 일입니다. 그러나 더욱 처참한 것은 동족이 상쟁하여 나라가 망하는 일이며 그보다 더 처참한 것은 오늘날과 같이 제 민족이 제 나라를 팔아먹는 그것입니다. (중략) 지금 우리가 발붙이고 있는 이 땅, 간도도 아득한 옛날에는 우리 땅이었었고…." (2부 1권(5권) 154~155쪽)

그는 어부지리(漁夫之利)를 들어 강대국 틈바구니에서 나라가 망하는 교훈을 얘기하는데, 어찌나 몰두했던지 작가 박경리는 송장환의 이 수업 대목을 줄 바꾸기도 제대로 하지 않고 장장 서너 쪽에 걸쳐 싣고 있다.

그래, 이럴 때일수록 차분하되 흔히 "물 들어올 때 노 저어라."
라고 말하던가. 남한에게는 성장 애로를 타개할 수 있는 절호의 기
회요, 북한에게는 핵 비상 경제를 벗어나 정상 경제로 전환할 수 있
는 절호의 기회다. 그런 장사꾼 같은 당장의 계산을 차치하더라도
우리 아이들이 전쟁이니 국가보안법이니 하는 지레의 '상상력의 감
옥'에서 벗어나 자유로이 세계로 뻗어나가 북한까지 포함하는 한류
를 뽐내면서 21세기 세계를 '더불어 평화'의 세계로 이끌어나갈 수
있는 길, 그 물꼬를 터줄 수 있는 절호의 기회를 잘 살려가야겠다.
잘될 것이다.

6
한반도 리스크? 한반도 프리미엄!

이 기회에 한반도 리스크를 한반도 프리미엄으로 바꾸자는 이야기를 한 토막 더 하고 싶다. 마무리 삼아 이번에는 좀 차분하게 짧게 정리해보자.

2018년 4월 27일 오전 문재인 대통령과 김정은 국방 위원장이 분단의 상징 판문점에서 활짝 웃으며 악수하는 사진, 보고 또 봐도 입가에 미소가 멈추지 않는다. 여기까지 오도록 얼마나 긴 세월을 우회하고 신음했던가!

2011년, 한 해를 돌아보며 감회에 젖는 연말, 기독교 신자가 아니어도 문득 들려오는 크리스마스 캐럴에 마음이 조금은 들뜨거나, 어쩌면 고즈넉해지는 시간이었다. 그때 느닷없이 날아든 김정일 북한 국방 위원장 사망 소식.

'경영 리스크 최고조', '바이어들 안심시키느라 비지땀', '외국인 직접투자 영향 끼치나 긴장'…. 기사 제목이란 게 조금씩은 선정적이라는 점을 감안하더라도 당시 김정일 위원장 사망 보도가 우리 경제에 끼치는 파장을 쉽게 짐작할 수 있었다. 당시 가뜩이나 유럽 재정 위기에 지친 세계경제에 '한반도 돌발 변수의 악재'가 아니냐며 외신들은 다투어 머리기사로 한반도와 주변국의 반응을 전했다.

그런데 영국의 비비시(BBC)를 비롯해 서울 주재 외신 기자들은 당시 서울 거리 분위기는 크게 동요가 없다고 타전했다. 1994년 김일성 주석 사망 당시의 '조문 파동'에 비해 우리 정부와 언론의 반응도 일단 '신중 모드'를 나타냈다.

이명박-박근혜 정권 동안에는 긴장이 고조되었지만 이전 김대중 대통령과 노무현 대통령이 차례로 남북 정상회담을 성사시켰고, 금강산 관광, 개성공단 사업 등 우여곡절 속에서 오르내림이 있었으나 그동안 우리 사회의 대북 행보가 당시의 '북한 리스크' 상황에서 미흡한 대로 일정한 안전판 구실을 했을 것이다.

2018년의 역사적인 남북 정상회담을 앞두고 홍준표 야당 대표는 일본 언론과의 인터뷰에서 남북 정상회담을 지지하는 사람은 좌파뿐이라는 발언을 해 당시 남북 정상회담 찬성 여론을 가리켜 그럼 한국 국민 80퍼센트가 좌파라는 소리냐는 지청구를 들어야 했다. 홍 대표는 정전협정을 종전협정으로 바꾸려는 시도를 폄하하는 반평화 세력이라는 비판도 들어야 했다.

이처럼 '가스통 할배들'로 종종 희화화되는 노년층 일부의 대북 과민반응을 빼면, 북한 변수의 리스크를 가늠하면서도 지난 세월과 같은 이념적 과잉 대응은 이제 우리 사회에서 점차 줄어들고 있다.

1987년 대선 전에 발생한 칼(KAL)기 폭파 사건과 선거 전날 폭파범 김현희의 국내 압송, 1992년 대선 전 안기부가 발표한 '거물 간첩 이선실 및 남조선노동당 사건', 1996년 4·11 15대 국회의원 선거 며칠 전 판문점 북한군의 무력시위, 1997년 대선 직전 판문점에서의 총격 사건(이른바 '총풍') 등 이른바 북한 변수는 우리 선거판의 대형 돌발 변수로 작동해왔다.

이처럼 선거 때마다 메가톤급 북한 사태가 선거판을 요동치게 만들기도 했지만, 그 '북풍'의 위력도 이전에 비해 별 힘을 쓰지 못하고 있다. 천안함 사태 직후 보수 여권의 색깔 논쟁 속에 치러진 2010년 6·2 지방선거에서는 오히려 무상급식이 선거판을 달구고 모처럼 정책 선거의 양상을 띠면서 당시 야권의 약진이 눈에 띄었다. 야당은 평화 세력 대 전쟁 세력이라는 프레임으로 선거를 치르며 당시 여권을 '전쟁 세력'으로 몰아붙였다.

사실 한국전쟁의 동족상잔을 몸소 겪은 노년 세대의 트라우마를 어찌 폄하할 수만 있으랴. 하기는 요즘의 젊은이들은 상대적으로 풍족하게 자란 세대답게 한편 무관하게, 한편 연민으로 선대의 상처를 바라보는 감정의 여유를 지닌 듯도 싶다. 주가가 폭락하고 환율이 폭등하던 북한 변수의 불확실성을 이처럼 우리는 점차 비교적 차분하게 배치하고 있다.

흔히들 경제는 불확실성을 싫어한다고 한다. 그런데 어쩌랴. 인생은, 역사는, 불확실성투성이인 것을. 불필요하게 불확실성을 증폭

시키는 요인들을 줄이거나 제거하려고 노력할 수는 있으나 인간이 어찌 모든 불확실성을 다 제거할 수 있겠는가.

그뿐인가. 불확실성이 하나도 없는 세상은 또 권태로워 어찌 살 거나. 폭풍우의 밤을 지나고 맞이하는 고요한 아침 바다의 태양이 장엄하듯이, 인생도 역사도 고난을 겪으며 다져지고 풍요로워지는 것을. 그러므로 문제는 이들 시련의 불확실성을 어떻게 맞이하고 치러내느냐 하는 시스템일 것이다. 개인적 차원에서, 사회적 차원에서 그런 불확실성을 치러내는 시스템이 잘 작동한다면 불확실성은 오히려, 혹은 비로소 혁신의 계기일 수 있다. 평상시라면 불가능한 비약의 계기 말이다.

발전을 위해선 혁신과 구조 조정이 불가피하다. 그런데 사회 안전망이 잘 갖춰진 사회라면 과감한 투자, 모험적 도전이 한결 용이하고, 혁신과 구조 조정이 훨씬 원활할 수 있다. 실업 대비 직업훈련을 포함해 평생교육 시스템, 불의의 사고와 질병 대비 의료 복지 시스템, 휴식과 충전을 도와주는 주거 복지 시스템 등 최소한의 사회생활을 보장하는 보편 복지는 실인즉 성장의 견인차가 되는 것이다.

정전협정이 종전협정으로, 평화협정으로 바뀌어 이산가족의 상시 방문은 말할 것도 없고, 많은 이들이 꿈꾸는 대동강 을밀대 관광, 개마고원 관광에, 나아가 남북 관통 철도를 타고 시베리아까지 가보았으면! 그동안의 이런저런 북한 리스크가 앞으로는 경색된 남북 경협과 한반도 정세에 긍정적 비약의 계기가 되었으면 참으로 좋겠다.

4부

『토지』 남녀:
잃어버린 품격의
시간을 찾아서

1
신분과 애정 사이:
『토지』와 〈섹스 앤 더 시티〉

대학원 시절 사회과학대 여학생들의 '페미니즘 세미나'에서는 종종 "모성애란 90퍼센트가 이데올로기야!" 하고들 말했다. 글쎄, 정확히 수치화해서 몇 퍼센트라고 말할 수 있을지는 모르겠으나 모성애 담론은 일정 정도 당대 지배 이데올로기의 영향을 받기는 할 터이다.

어디 모성애뿐이랴, 모든 담론에는 지배 이데올로기가 일정하게 관철되어 있다고들 하지 않던가. 아마도 해직 기자 출신이라는 모종의 선입견 혹은 기대가 있어서 그 세미나에 초대했던 것 같은데, 막상 나는 세미나 진도를 도무지 따라가지 못해 허둥대다가 결국 중도에 탈락했던 것으로 기억한다. 그래도 "모성애란 90퍼센트가 이데올로기야!"라는 말은 지금도 종종 생각난다. 여성을 모성애 담론에 가두는 경향, 그에 대한 반발 혹은 비판이었을 것이나, 그 말에는 늘 한편 멈칫하고 한편 그것으로 다일까 하는 석연찮음이 함께 남는다.

여성의 성(性)과 모성애를 놓고 후자를 강조해 전자를 폄하하는 것에 대해서는 아무래도 비판이 많을 듯하다. 그런데 이 양자 간의 관계는 매우 미묘해서 맥락과 경우에 따라 그 비중이 다 다른 듯도 하다.

연애 끝에 결혼한 내 남자 후배는 결혼하고 나면 자녀들 위주로 부부관계가 바뀌는 것이 싫어서 우리는 그러지 말자고 아내와 굳게 약속을 했는데 첫아이 낳고서 아내가 슬슬 '아이 우선' 쪽으로 바뀌더라나? 그래도 자기는 좀 버텼는데 둘째로 딸을 낳으면서는 자기도 '아이 중심'으로 바뀌고 말았단다. 지금은 청와대 파견 근무 나가 있는 후배의 이야기다.

또 다른 후배는 첫아이가 예정보다 빨리 나오는 바람에 친구들 하고 술 먹느라 아내를 혼자 병원에 보낸 '전과'가 있어서 둘째 아이 출산 때는 꽃을 사 들고 아내를 격려하러 갔단다. 그런데 그사이 '또순이'가 된 아내 왈, "생활비 아껴야 하는데 꽃은 왜 사 가지고 왔어?" 이래저래 또 면박을 당했다는 것이다. 그는 지금 서울의 모 대학에 교수로 있다.

그런가 하면 어쩌다 듣게 된 할머니들의 대화. 사위가 술 먹고 들어와서 "보채는 바람에"(sic) 딸이 임신을 하게 됐다고, 사위가 주책이라고, 보글보글 파마머리 할머니가 혀를 끌끌 차며 말하자 친구인 듯 보이는 옆자리 쇼트커트 할머니, 웬 호들갑이냐는 듯 심드

렁하게 말하길 "그래서 종족 보존이 되기 마련인가보지 뭐." 한다.

그 순간 퍽 놀랐다. 남성의 성을 저렇게 '쿨하게' 평론하는 것도 그렇고, 종족 보존이라는 점을 들어 남성의 성에 너그럽다고 할까, 아무튼 대수롭잖게 논평하는 것도 그랬고. 어쨌거나 성에 대해 호들갑 떨지 않는 그런 태도, 할머니가 되면 저렇게 여유로워지는 건가, 슬기로워지는 건가 하는, 그런 놀라움을 느꼈던 듯하다.

비슷하게 『토지』에서 놀랍고 석연치 않았던 대목 중 하나는 작가 박경리가 동학 접주 김개주의 윤씨 부인 겁탈을 대하는 대목이었다.

사연인즉슨, 양반에 대해 추호의 용서가 없는 무자비한 동학 접주 김개주가 젊은 시절에 친형인 우관 스님의 절에 정양차 와 있다가 마침 백일기도하러 와 있던 최 참판 댁 청상 윤씨 부인을 사모해 겁탈한다. 아이를 배태한 윤씨 부인은 친정에서부터 데리고 온 충직한 하인 바우 할아버지 내외가 문 의원에게 엄폐를 호소하고 마을의 무당 월선네가 기지를 발휘해 아무도 모르게 절에 가서 몸을 푼다.

아이는 낳자마자 아비의 손에 넘겨지고 최 참판 댁으로 돌아온 윤씨 부인은 젖 한번 물리지 못하고 버리고 온 아들에 대한 죄책감에 어미를 보고 반가이 뛰어오는 어린 아들 치수에 대해서도 자연스런 모성을 쏟지 못한다. 어머니와의 관계에서 냉랭함을 맛보며 자란 치수는 무척 냉소적이고 권위에 찬 양반 지식인으로 성장하고, 아비 김개주의 손에 넘겨졌던 또 다른 아들 김환은 후일 동학의 실패로 아비가 형장의 이슬로 사라진 뒤 신분을 숨기고 구천이라는 이름으로 최 참판 댁에 하인으로 들어간다. 작가 박경리는 윤씨 부인을 자신의 비밀을 숨긴 채 두 아들 사이에서 어느 쪽에도 모성을 쏟지 못하는 균형추가 되고 만, 양반가의 멍에를 뒤집어쓴 여인으로 묘사한다.

필경 내 이해력이 부족한 탓이겠으나, 나로서는 다소 억지스러운 설정이었다. 훗날 김개주가 '헌헌장부'로 자라난 아들 환이를 데리고 동학혁명을 이끌면서 평사리 마을에 진주하는 장면에서는 그 설정을 더욱 이해하기 어려웠다.

다른 마을에서는 양반의 수탈을 응징하는 데 가차 없던 김개주 일당은 평사리 최 참판 댁에서는 행랑에 머문 채 일체 망동을 삼가고, 최 참판 댁 당주 최치수는 사랑에서 칼을 차고서 각오를 다진다. 야심한 밤 김개주는 안채의 윤씨 부인을 찾아 아들 환이의 소식을 전한다. 은장도를 품은 채 일체의 대응을 하지 않는 윤씨 부인의 태도에 김개주는 한을 품고 "그 도도한 양반의 피에 경의를 표하고, 그럼 안녕히 계시오, 부인." 하고 돌아선다. 그렇게 물러나 이튿날 동학군 일행을 데리고 마을을 떠난다. 해서, 양반들을 가혹하게 처형했던 다른 마을들과는 달리 평사리는 동학군의 피해를 입지 않는다.

그런데 작가 박경리는 김개주가 윤씨 부인을 '겁탈'했다고 하면서도 윤씨 부인에 대한 김개주의 사모, 계급을 부정한 그 애정에 우호적이다. 게다가 불의의 아들 환이에 대한 윤씨 부인의 모성애도 매우 공들여 묘사한다. 심지어(!) 윤씨 부인이 김개주의 죽음을 전해 듣는 장면에서는 "김개주가 전주 감영에서 효수되었다는 말을 문 의원으로부터 전해 들었을 때, 무쇠 같은 이 여인의 눈에 한 줄기 눈물이 흘러내렸다."라고 묘사하는 것이다.

훗날 생애를 돌아보는 대목에서도 윤씨 부인은 김개주를 "육신으로 맺어진 사람"이었다는 식으로 회고한다. 아마도 신분과 애정 사이의 갈등이었던 것일까?

청상을 겁탈한 행위에 대해 가형(家兄) 우관 스님이 크게 꾸짖었을 때 김개주는 오히려 이렇게 반문한다. "지아비 잃은 여인을 사모하였기로, 어찌 죄가 된다 하시오. 하늘이 육신을 주셨거늘 어찌 육신을 거역하라 하시오."

청상을 겁탈했다는 사회의 도덕에 대해 사모했음을 이유로, 진실한 애정이었음을 이유로 반박하다니. 그래서 그는 역모를 꾀하는 반란자, 동학의 괴수가 되었던 걸까? 그런 그를 동정하는 작가 박경리 역시 혁명가의 담대함으로 마음이 뜨거웠던 시대의 풍운아였을까?

처음 읽으면서 석연치 않았던 이 대목은 두 번 세 번 읽어나가면서야 작가가 말하고자 하는 것을 조금은 짐작할 수 있었다. 박경리 작가는 윤씨 부인이 평생 김개주를 사모하는 마음을 품고 있었다고 하면서 그런 비밀스런 자신의 애정에 충실하고자 치수에게 온전한 모성애를 쏟을 수 없었던, "애정의 이기심"(sic)에 대해 말한다.

이십 년 넘는 세월 동안 그의 바닥에는 한 남자가 살고 있었다. 형장의 이슬로 사라진 그 남자, 그 남자의 비극과 더불어 살아온 윤씨 부인이 (스스로 죄인이 되어) 사면을 거절한 것도 그 때문이요, (어머니의 비밀을 밝히려는) 아들의 매질을 원했던 것도 그 때문이다. 그에게는 그와 같이 끈질기고 무서운 사랑의 이기심이 도사리고 있었던 것이다. (1부 2권(2권) 386쪽)

어린 시절, 절에서 (몸을 풀고) 돌아오던 어머니의 싸늘한 태도에 상처를 입고 어머니의 비밀을 드러내려 겨루는, 그로 인해 고독한 소년기를, 비뚤어진 청년기를, 그리고 권태에 짓이겨져 폐인을 방불케 했던 장년기를 보내다 비명에 가거니와 윤씨 부인은 아들 치수를 잃고 나서 자신이 악모였다는 또 다른 회한에 괴로워한다.

그럼에도 미욱한 나로서는 모두 이해가 되는 것은 아니어서 때로 『토지』의 사랑 이야기가 다소간 순정 만화 같다고 느낀 적도 있다. 특히 『토지』에 나오는 남녀 이야기 중에 양현과 송영광의 연애, 유인실과 일본인 오가다의 러브 스토리, 조찬하의 임명희에 대한, 그리고 임명희의 이상현에 대한 일편단심 순정 같은 것이 모두 그런 인위적인 느낌이었다.

아마도 사랑이니 연애가 기본적으로 생활과 무관하지 않다는 내 세속적인 사고 때문인지도 모르겠다. 대학 1학년, 교양 독어 시간에 노교수님이 강조하던 독일 속담, "Lieben ist Leben(To love is to live)."

사춘기가 채 끝나지 않은 시절이었다고 할 수 있는 그때 내게 이 짧은 구절은 참으로 강렬하게 다가왔다. 뭐라고 번역해야 할까? 독문학자들한테 물어봐야 정확히 알 수 있겠으나 내가 받아들인 의

미는 대강 "사랑한다는 것은 생활한다는 것이다." 혹은 "사랑이란 삶이다." 하는 정도였다. 당시 그 노교수님은 "교양 독어를 배우면서 독일어라는 언어 속의 그런 문화를 함께 이해했으면 좋겠다."라고 말씀하셨다. 여전히 뚜렷하게 기억한다.

아마도 젊은 시절의 그 기억이 강렬했던 까닭인지 사랑에 대한 과도한 몰입, 진공상태에서 미학을 탐구하듯 사랑을 칭송하는 글들을 보면 여전히 의구심이 들어 사랑에 관한 담론은 때로 선정적으로 과장되거나 혹은 상업적으로 과장되어 있다고 생각하곤 한다. 그래서 연애소설이나 연애시집 뒤표지에 '가격 ○○원' 하고 적힌 것을 보면 어쩐지 실소가 배어나기도 한다.

혹자는 사랑을 그저 호르몬의 분비가 빚어대는 착시라고 굳이 폄하하기도 한다. 그래서 "사랑의 유효기간은 3년" 운운하는 또 다른 영화 제목도 있다지만, 김개주 식으로 하면 사랑은 자연의 이치요 음양의 이치, 이기적이고 외로운 각자의 자아가 순간이든 환각이든 찌질하고 초라한 존재의 한계를 뛰어넘어 존재의 비상(飛上)을 경험하게 하는 것. 이 어찌 감동스럽지 않으리. 진실하고 순수한 미학의 경지가 아니겠는가. 이 대목에서 다시 작가는, "저 창공을 나는 외로운 도요새가 짝을 만나 미치는 이치를 생각해보아라. 외로움과 슬픔의 멍에를 쓰지 않았던들 그토록 미칠 것인가."라고 김환의 입을 빌려 말한다.

그런데 김환 자신은 아비가 다른 이부(異父)형 최치수의 부인이자 서희의 생모인 별당 아씨, 즉 자신의 형수를 사랑하여 고달픈 사랑의 도피를 떠나는데, 이 대목 역시 좀 억지스럽게 느껴졌다. 자칫 '막장 드라마'가 되기 십상인 설정인 데다가 박경리 작가는 이들의 사랑을 천상의 사랑인 양 한결같이 아름답고 지순하게 묘사했다. 그래서 어쩐지 현실감이 없고 순정 만화 '삘(feel)'이 나기도 했던 것이다.

사실 이 부분은 매우 밀도 있고 스릴 있게 『토지』 전반의 스토리를 끌어가는 중요한 줄거리다. 김환이 변성명한 하인 구천, 그를 사모했던 계집종 귀녀가 그의 무관심에 앙심을 품어 구천과 별당 아씨의 관계를 윤씨 부인에게 고해바치고, 이들을 고방에 가둔 윤씨 부인은 며느리의 부정(不貞)에도 불구하고 불륜의 소생이자 회한의 아들인 환이를 벌할 수 없어 둘을 도망시키는, 그런 줄거리로 스토리가 전개되기 때문이다.

그 후 병으로 별당 아씨를 잃게 되는 환이. 별당 아씨에 대한 그의 그리움은 평생에 걸쳐 한결같다. 다른 어떤 여성의 유혹에도 넘어가지 않는, 오히려 유혹은 별당 아씨에 대한 김환의 그리움을 더욱 사무치게 만드는 것으로 작가는 묘사한다. 뭐, 하기는 "그러니까 얘기책이지." 할 수도 있겠는데, 그렇게 순수 무결한 것이 가치 있는 사랑인지, 아니, 그보다 사랑이 소꿉놀이같이 그렇게 진공 속 그림처럼 순수한 것인지, 그래야 하는 것인지, 의구심이 들기도 했다.

우리네 인생이 그렇듯, 오히려 현실의 사랑은 때로는 유혹에 흔들리고 배신으로 흠집 나기도 하면서 그럼에도 불구하고 다시 이어지는, 그래서 더욱 값지고 생명이 살아 꿈틀거리는 모순과 승화의 그런 것 아닐까?

그래서 〈너무 아픈 사랑은 사랑이 아니었음을〉 하는 유행가도 있지 않던가. 어쩌면 역사적 맥락과 현실의 이해관계를 초월하는 순수한 사랑 이야기가 때로 상업적 성공을 거두는 것은 아마도 그 비현실성 때문일지도 모르겠다. 그런 영원무구한 무언가를, 이해관계를 초월하는 순수한 가치를 추구하고 지향하는 인간의 향상욕이 빚어내는 꿈 같은 것 말이다.

다만 그런 사랑이 생활 속에서 요즘 유행하는 표현으로 '지속 가능(sustainable)'할지는 잘 모르겠다. 엥겔스(Friedrich Engels)는 그의 『가족, 사유재산 및 국가의 기원(1884)』에서 일부일처제도가 사유재산제도의 유지와 불가분이라고 설명했다. 상속과 관련한 재산권 질서를 유지하고자 혼외 출생을 인정하지 않고 일부일처제도를 굳히게 되었다는 것이다.

글쎄, 사유재산제도의 유지를 위해서가 아니라도 사랑이라는 욕구와 감정 자체가 일정 정도 독점욕을 수반하는 것이어서 아무래도 두 당사자 간의 절대적인 상호관계를 요구하는 측면이 있을 것이다. 그러나 인간의 감정도 부분적으로는 역사적 산물이자 사회적 산물일 터, 시대의 흐름 혹은 이른바 당대의 이데올로기에 영향 받는 바가 없지 않을 것이다. 그래서 예컨대 고대 노예제사회에서 노예들은 아예 성적 수치심이나 성적 욕구의 대상이 되지 않는 경우가 적지 않다고 하지 않던가.

실제로 2005~2007년 미국 HBO와 영국 BBC가 영미 합작으로 생활사와 복식사까지 비교적 꼼꼼히 고증해 만든 드라마 시리즈 〈로마(Rome)〉에서는 귀족들이 민망할 정도로 노골적이고 질펀하게 성행위를 하는데 바로 곁에서 노예들이 물시중을 들고 수건을 대령하는 등의 장면이 수시로 나온다.

미투 운동이 한창인 가운데 성희롱이나 성추행이 권력 관계임을 강조하는 이들은 "당신 보스의 딸이나 부인에게도 할 수 있는 언행인지 아닌지"가 성추행이나 성희롱의 기준이라고 주장하기도 했으니 이 또한 연관성이 있는 비슷한 맥락의 주장일 것이다.

그런 의미에서 미국의 통속 드라마 〈섹스 앤 더 시티〉는 여성의 사회적 지위와 사랑, 그리고 성욕 등등과 관련해 제법 의미 있는 메시지를 강하게 던진 셈이다. 백인 커리어 우먼 중심의 드라마라는 둥 흥미 위주의 상업 드라마라는 둥 여러 가지 지적질이 나올 만도 하다.

하지만 여성의 성적 욕구에 대한 노골적이고도 지극히 대담한 묘사가 처음에는 보기 거북하기도 한데, 워낙 당연하다는 듯 아무렇지 않게 드러내 보이니까 오히려 그 솔직함이 심리적 부담감을 덜어주는 것이었다. 그래서 어떤 점에서는 흥미로운 성교육 교재 같기도 했다. 그런데 사람마다 보는 코드가 다르다 보니, 이 드라마를 패션 코드로 읽는 이들도 많았던 모양이다. 주인공 캐리 브래드쇼가 즐겨 신는 마놀로 블라닉이라는 구두 브랜드가 널리 알려진 걸 보면 말이다. 명품 구두라고는 하지만 글쎄? 애초에 유럽의 대량 이민으로 시작된 나라 미국의 명품 전통이라 봤자 봉건 귀족 시대까지 역사를 거슬러 올라가는 오랜 명성의 유럽 명품 대열에 끼기엔 체급이 많이 달리지 않을까 싶기는 하더라만.

사실 흥미로운 인물은 캐리보다는 사만다였다. 뉴욕의 한 홍보회사 임원인 그녀는 어쩌면 캐릭터 설정 자체가 전통적인 플레이보이 남성을 젠더만 여성으로 바꿔놓은 것 아니었을지. 섹스가 끝나면 그것으로 끝, 관계를 지속하려는 남자는 질색하는 여성의 모습을 쿨하고 배짱 좋게 보여준다. 그리고 플레이보이 남성을 다룬 소설이나 영화의 결말이 흔히 그렇듯이 사만다 역시 화려한 남성 편력 끝에 결국에는 나이가 어려도 한참 어린 순정파 청년한테 '낚여서' 정착을 한다는 스토리.

사만다 역을 맡은 킴 캐트럴은 영국 출신으로 〈섹스 앤 더 시티〉 1편을 찍을 때 이미 마흔을 넘긴 나이였단다. 영국에서 찍은 영화에서는 전형적인 영국의 엄마 역, 아내 역을 무난히 소화하던 이 여배우가 할리우드로 건너와서는 그런 대담한 배역을, 그것도 아주 능청스럽게 연기해내는 것을 보고 놀라움을 금치 못했었다. 적지 않은 영국 배우들이 할리우드에서의 성공을 꿈꾸며 대서양을 건너지만 영국에서 주연급이었던 거물들도 찌질한 악당 역, 혹은 할리우드 주연을 빛내주는 조연 역을 맡고는 찌그러지는 경우를 종종 보는데 그러고 보면 킴 캐트럴의 경우는 대박이라고 할 수 있겠다.

어쨌든 그녀가 연기한 사만다의 솔직 대담함은 이러니저러니 수다스러운 호들갑을 떨지 않으면서도 드라마 전편에 묵직한 여성주의를 시현하는 셈이다. 흥미로웠던 대목 하나. 섹스가 끝나면 그

것으로 땡!이었던 사만다가 리처드라는 광고계 거물한테 빠져서 잠시 그에게 매달리는 처지가 되는데, 그 역시 대단한 바람둥이다. 결국 다른 여자와의 베드신 현장을 목격하고서 이별을 통보하는 사만다에게 리처드는 "나 역시 당신처럼 섹스는 섹스일 뿐"이라며 "그런데 당신과의 관계는 그런 게 아니"라고 변명을 늘어놓는다. 거기다 대고 사만다가 날리는 대사.

"I love you, but I love me more(나는 당신을 사랑하지만 나를 더 사랑해)."

이 얼마나 멋진 말인가. 신뢰가 깨진 관계를 이렇게 한방에 때려치우는 연기도 연기였지만, 전형적인 금발에 썩 잘 어울리는 하늘색 투피스를 특히 잘 소화해낸 그녀의 패션 감각도 단연 돋보였다.

그런가 하면 뉴욕의 잘나가는 변호사 미란다의 캐릭터 설정 역시 사만다와는 또 다른 점에서 못지않게 흥미롭다. 미란다의 경우는 신데렐라 코드를 역시 젠더를 바꾸어 남성 쪽에 설정한 케이스라고 할까? 아쉬울 것 없이 잘나가는 처지여서인지 미란다는 외모도 가진 것도 커리어도 그야말로 별 볼 일 없는 바텐더와 사랑에 빠진다. 심지어 종국에는 치매 걸린 그의 어머니, 즉 노망난 시어머니까지 자진해서 모시게 되는데… 음, 아무래도 억지스럽긴 하다. 하지만 드라마니까. 억지일지라도 이런 스토리가 맨해튼 뉴요커들 이야기에서 먹혔다는 것 자체가 어쨌거나 흥미롭다. 특히나 뻔할 수 있는 이런 스토리를 전혀 멜로드라마답지 않게, 오히려 드라이하면서 그러나 매우 맛깔나게 전개해나간다.

우연히 밤늦게 들른 술집에서 '바텐더' 주제(?)에 미란다처럼 잘

난 커리어 우먼한테 전혀 꿀리지 않고, 아니, 꿀리기는커녕 오히려 '나도 나름 잘나가는 바텐더거든.' 하는 모드로 대등하게 다가가 따로 데이트 한번 하자고 수작을 거는 스티브. 흥밋거리 정도로 가볍게 몇 번 만나다가 말았는데 이런, 덜컥 임신에 '걸리고' 만다. "당연히 지워야지." 했는데 마음이 바뀌어 출산하기로 하고 "어쨌든 아이 아빠니까 알려는 준다."라는 마음으로 스티브에게 연락한다. 역시나 세간의 상투적 모드와는 사뭇 판이 다른 우리의 스티브. "내 아이이기도 하다."라며 미란다의 삶에 비집고(involve) 들어온다. 미란다와 안 보는 사이 새로 만나는 젊은 아가씨도 있었으면서.

'그리하여' 아기를 번갈아 돌보느라 오고 가는 사이 이번에야말로 진짜 정분이 싹트고 마침내 둘은 결혼을 한다. 아이가 자라면서 두 사람은 아이 키우기 좋은 환경을 찾아 정든 맨해튼을 떠나 브루클린에 둥지를 튼다. 그리고 평범하고 잔잔한 일상에 찾아온 시련. 꾀죄죄한 차림에 이따금 엉뚱한 말과 행동을 하는 스티브의 어머니가 치매 진단을 받는다. 스티브는 마음 아파하고 씩씩한 미란다는 어머니를 모시자고 제안한다.

"진짜?"

스티브가 묻자 미란다가 하는 말.

"그러라고 큰 집이 있는 거야."

이 여자, 진짜 쿨하다.

결국 홀로 사는 시어머니를 모시고 만다. 보기에 따라서는 맨해튼의 정서도 농경사회의 잔재가 남아 있는 아시아와 별다를 것 없다는 식으로 해석되어 자칫 식상할 수 있는데, 미란다가 남편한테 나 시어머니한테나 경제적으로 문화적으로 워낙 압도적 우위에 있고 오히려 남자를 신데렐라(?)로 만든 맨해튼 한복판의 이야기여서 인지 진부한 느낌 한편으로 신선한 감이 없지 않았다.

엉뚱하게 들릴지 모르지만, 이따금 성(性)을 둘러싼 우리의 행태가 다소 과장되어 있는 건 아닌가 생각하게 된다. 그래서 불필요한 호들갑으로 문제를 더 키운다는 생각을 종종 한다. 엥겔스의 말대로 사유재산을 지키기 위한 데서 비롯된 것일지, 여성의 순결에 대한 집착, 결혼의 정절에 대한 집착, 지금은 덜하지만 서구의 경우에도 1차 세계대전 전까지는 혼전 순결에 집착이 상당했던 것으로 보이는데 아직 유교적 관습이 남아 있는 우리의 경우 성에 대한 모종의 순결주의가 성추행이나 성희롱을 둘러싼 상황을 때로 선정적으로 만들어버리는 경우가 적지 않은 듯하다.

사실 성과 관련해서는 피해자(대개는 여성)의 경우도 치명적이지만 가해자의 경우도 못지않게 치명적인 낙인이 찍히게 된다. 성이란 본디 매우 내밀한 것이고, 따라서 성적 관계란 존재의 존엄에 가장 기본이 되는 것이라 할 수 있다. 그러니 그 상처가 어찌 치명적이지 않을 수 있으랴마는 '도저히 있을 수 없는', 그래서 때로는 '돌이킬 수 없는' 것처럼 인식되는 사회적 정서가 피해자는 피해자대로 가해자는 가해자대로 그 상처에서 회복되는 것을 더더욱 어렵게 만드는 것이 아닐까 싶다. 상처가 크기 때문에 할 수만 있다면, 간절히 바라건대 되도록 어서 치유되었으면 좋겠는데, 그래서 그 치유를 방해하는 정서적·사회적 장애물들이 조금이나마 적었으면 좋겠다는 바람에서 해보는 생각이리라.

지인에게서 들은 이야기. 시집간 딸이 남편의 외도를 의심하고는 길길이 뛰며 이혼하겠다고 친정으로 달려왔을 때 친정어머니 왈,

"그거 모른 척하든지, 모른 척할 수 없거든 가벼운 농담거리로 흘려버려라. 네가 길길이 뛰면서 있을 수 없는 일이라고 일을 벌이면 진짜 큰일이 돼버리고, 네가 까짓거 술 먹고 실수했나 보다 하고 웃어넘기면 별일 아닌 게 돼버리고, 너 할 나름이야."

호오, 어떻게 그럴 수 있을까? 나이 들면 그렇게도 될 수 있을까? 어쨌든 더 고루하다면 고루할 수도 있을 법한 그 세대에게서 그런 말을 들으니 연륜의 지혜일까 싶기도 하다.

성에 대한 관대한 이해로 연상되는 또 다른 장면은 『토지』의 시대와 공간을 훌쩍 뛰어넘어 영국 iTV의 인기 드라마 〈다운튼 애비(Downton Abbey)〉에서도 이어진다. '다운튼 애비'는 런던에서 조금 떨어진 소도읍 대저택의 이름이다. 시대적 배경은 1차 세계대전 전후. 전통적인 귀족계급의 문화가 발흥하는 노동계급 및 부르주아지의 문화로 대체되어가는 시기에 대저택 다운튼 애비를 무대로 에피소드들이 펼쳐진다. 귀족, 신흥 부르주아지, 노동자 간의 긴장, 영국과 아일랜드 간의 분쟁, 영국적 전통과 미국적 실용주의 간의 차이 등등의 사안들을 누구 편에도 치우치지 않으면서 각자 나름의 덕을 돋보이게 하는 스토리와 연출이 특히 빼어나다. 6부작 70여 편에 이르는 이 드라마는 영국에서 2010~2015년에 걸쳐 장장 5년여 동

안 방영되었고, 세계 각국에서 다투어 수입 방영한 대하 시대극이다. 드라마 속에서 요망스런 하녀의 유혹에 넘어가 궁지에 몰린 사위의 고백에 대저택의 주인 크롤리 백작은 도덕적 훈계 대신 이렇게 말한다.

"누구도 억제할 수 없는 감정(연정) 때문에 비난받을 순 없다네."

그는 때로 귀족 당주인 백작 자신보다도 귀족 문화의 전통을 더 고수하는 다운튼 애비 대저택의 위엄 있는 집사 카슨이 한때 무대에서 춤추고 만담하는 '딴따라'였다는 과거가 밝혀져 체면을 구기는 장면에서도 "우리는 누구나 감추고 싶은 페이지가 있다네."라고 카슨의 과거를 감싸고 넘어간다. 상대의 약점을 알고서 쾌재를 부르는 야비함 대신 인간 보편의 불완전함으로 이해하고 넘어가는 것이다. 드라마의 품격을 한껏 높여주는 대사였다.

그러나 현실에서는 어디 그런가. 억제할 수 없는 연정이었음을 헤아릴 만한 아량의 인격을 갖추기도 힘들거니와 법률적 잣대나 사회적 잣대는 차치하고라도 남의 말 좋아하는 호사가(好事家)들의 이러쿵저러쿵 이른바 '2차 가해' 때문에 더 힘든 경우가 부지기수다. 그런 점에서 우리말로 어떻게 옮겨야 맥락의 의미를 제대로 살릴 수 있을지 모르겠지만,

"Don't be judgemental!"(직역하면 "비판적으로 굴지 마라!"가 되겠지만 그런 번역은 영 미흡하다.)

이 말은 여러 가지를 함축한다. 자기 입장이나 주관적인 잣대로 함부로 남을 재단하는 것, 인격의 경박함을 넘어 때로는 부당한 2차

가해 혹은 2차 폭력에 가담하는 것이 두려울진저!

그러나 남녀상열지사(男女相悅之詞)가 앞의 저 친정어머니 말씀대로 된다면 그리스 비극을 비롯해 인류의 위대한 문학 유산들은 아마 탄생하지 못했을 듯도 싶다. 뭐, 하기는 동서고금을 막론하고 작가들의 감성은 남달라서 평범한 생활인들 눈에는 호들갑 같기도 하고 혹은 상업적 선정(煽情) 같기도 하니까.

이 모든 것에도 불구하고, 요컨대 사랑처럼 아름다운 게 또 어디 있으리. 그러나 그렇기에 오히려 너무 과장되면 선정적으로 보이기도 상업적으로 보이기도 하는 것이다. 그러므로 특히나 예민한 시기의 내 사랑스런 조카들은, 우리의 젊은이들은 그런 과장된 모종의 일루전(illusion)은 경계하면 좋겠다는 노파심이 드는 것은 어쩔 수 없는 노릇이다.

앞에서도 언급했지만 사랑, 성, 생활, 이런 것들과 관련해 늘 마땅찮은 것이 성에 대한 우스꽝스러운(ridiculous) 이상화 혹은 순결주의 이런 부분이다. 그런 태도는 정직하지 않고 위선적이어서 때로 불쾌하기까지 하다. 요즘 세상에도? 그렇다. 뿌리가 꽤 깊어서 여전하다. 아마도 사랑에 대한 사람들의 갈구와 비슷하게, 존재의 비상(飛上), 찌질한 일상을 넘어서는 피안의 아름다움에 대한 갈구, 사랑의 이런 속성이 사람들로 하여금 사랑을 일정하게 현실 너머 피안으로 보내는 경향이 있는 듯싶은데, 성의 경우도 비슷한 것 같다.

그 하나의 예로, 후배의 아흔 넘은 아버지가 50대 후반(?) 파출부한테 치 떨어지게 굴어서 역시 아흔 넘은 어머니가 "질투"(sic)를 했다나? 남자와 여자의 마음은 구십이 넘어도 마찬가지라는 내 남자 후배의 말이다. 그런데 여자 선배들한테 이 이야기를 했을 때 그들은 일제히 그거 질투 아니라고, 창피하고 치 떨어져서 그러는 거라고, 그 후배가 아들이어서 그렇게 말하는 거라고 들고일어났다. 흠, 그래서 이번에는 이 이야기를 또 다른 남자 후배들과의 자리에서 전했는데 한 후배의 말인즉, 96세의 남자가 아들을 낳았는데 그는 이미 두 살짜리 아들이 있다나? 아이들을 위해 좀 그렇지 않은가, 하는 좌중의 얘기에 그는 엄마는 젊은 여성이니까 그런 대로, 하면서 남자들의 그 욕구는 나이가 들어도 마찬가지라고 덧붙이더라는 것이다.

그렇다면 "하늘이 육신을 주었거늘 어찌 그것을 거역하라 하시오." 항변하던 『토지』의 장년 김개주처럼, 노인 남성의 성욕이 장년 못지는 않다 하더라도, 아니, 오히려 노년의 욕구이기에 욕구의 간절함이라는 점에서는 더 치열하고 엄연한 현실이라면 그걸 망신 주고 창피 주고 부끄러워하게 만들 것이 아니라 현실로 인정하는 제도적 대안이 있어야 하지 않을까? 그것이 무엇이든 말이다. 그 전에 하다못해 사회적·문화적 장치만이라도 갖추는 것이 바람직하지 않을까?

그렇게 되면 여성들의 성적 위치가, 그리고 그와 불가분인 사회·경제적 위치가 너무 불리해질까? 나로서는 이런 주제에 썩 자신이 없지만, 암컷이든 수컷이든 그 종족 보존의 멍에, 신이 혹은 자연이 종족 보존을 위해 그들에게 내린 무망한 무한 성욕의 천형을 부끄러워해야 할까? 여성들의 피해 의식, 그리고 실제로 정치·경제 상의, 사회·문화상의 피해를 줄일 수 있는 사회적 공정성의 장치, 즉 남녀 관계에서의 정의의 장치를 마련하는 것이 관건 아닐까 싶다. 그러나 아무래도 이 부분은 내가 발언하기에는 여러 가지 부족한 영역, 이 정도 해두련다.

2.
사랑의 정석:
월선과 용이, 몽치와 모화

『토지』에서 용이 고향으로 돌아온 월선을 끌어안으며 하는 말. "니는 내 목구멍에 걸린 까시다. 우찌 그리 못 살았노, 못 살고 와 돌아왔노." 무당의 딸이라 하여 용이 모친이 한사코 결혼을 허용하지 않자 어릴 적부터 오누이처럼 평사리 한 마을에서 자라난 첫사랑 연인 용이를 두고 월선은 자신의 출신을 알지 못하는 먼 곳 늙은이한테 시집을 가고, 용이는 이웃 마을서 데려온 강청댁과 혼인한다. 하지만 월선은 결국 용이가 "보고 저버서" 고향으로 돌아와 해후한다.

몇 번씩이나 끊어질 듯 끊어질 듯 이어지는 그들의 정분과 인연. 처음 『토지』를 읽을 때는 그의 이름처럼 용해 터진 용이, 그 이 서방 이야기만 나오면 짜증이 났다. 매인 데 없는 '돌싱'으로 어려울 것 없이 잘 살 수 있을 것 같은 월선이 번번이 용이와 엮이면서 인생이 꼬이기 때문이다.

강청댁과의 혼인이야 그렇다 치더라도 표독하기 짝이 없는 칠성이댁네 그 과부 임이네와 어쩌다 이른바 '원 나잇 스탠드'로 아들을 낳고, 결국은 월선으로 하여금 죽을 때까지 임이네의 표독에 시달리게 만드는 남자 용이. 그런데 작가 박경리는 그가 월선이를 잊기 위해 강청댁과 임이네를 오가며 황음(荒淫)하게 굴 때 마을 주막의 주모 영산댁의 입을 통해 굳이 그를 변호한다.

"사램이 모도 제 살고 저분 대로 살 수 있간디? 나도 이 썩은 꼴 보아가믄서 술장사 하고 저버서 하는 게라우? 농사꾼이 몸뚱아리 하나가 보밴디 위쩌자고 그리 술만 마신다요? 다 이 세상에 나와서 죄닦음 하니라고 그런 거로 워짤 것이요? 참말이제, 눈 한분 감으믄 세상만사가 다 그만인디 에탕끌탕 허믄시로 살아 있는 동안은 면할 도리가 없는 기니께 이 서방(용이)도 맘 고치묵으시오, 본성을 망치믄 될 것이요? 내 알겄이라우. 이 서방이 그러는 거 알지라우. 사램이 변한 게 아니고 변해보고 저버서 그런다고, 사램이 그리 허무하게 변할 것이요? 곰보 목수(윤보)는 아까운 놈 버렸다고 한탄을 혀쌌더마는 나는 안 그렇다고 장담을 했인께로." (1부 3권(3권) 140~141쪽)

사랑의 지순함을 선남선녀나 고매하신 인격자들이 아니라 생활 속의 평범한 사람들을 통해 이토록 절실하게 묘사할 수 있을까? 서민들의 애환을 서민들의 언어를 통해 이렇게 위대하게 묘사할 수 있을까? 영산댁의 저 언어, 저 경지를 어느 철학자인들 쉽게 넘볼 수 있으랴.

　용이는 만주에서 월선이 뇌짐병(폐결핵)으로 앓아누워 목숨이 경각에 달린 채 오늘내일 죽을 날을 기다리며 마음속으로 한사코 용이가 돌아오기를 기다리는데도 산판 벌목장에서 나오기를 거부하고 자신과 월선의 운명을 시험이라도 하듯 고집스럽게 버티다가 벌목 일을 다 마치고 섣달 그믐날에야 돌아온다.

　그런데 그 용이가 월선의 임종, 그 마지막 순간에 치는 대사라니!

　마루에 걸터앉아 지까다비를 벗고 털모자를 벗어 던졌다. 그러는 동안 말 한마디 없을뿐더러 누구 한 사람 거들떠보지도 않는다. 몸 전체에서 뿜어내는 준엄한 기운에 다른 사람들은 선 자리에 굳어버린 채다. 방문은 열렸고 그리고 닫혀졌다. 방으로 들어간 용이는 월선을 내려다본다. 그 모습을 월선은 눈이 부신 듯 올려다본다.

　"오실 줄 알았십니더."

　"산판일 끝내고 왔다."

　월선의 얼굴 가까이 얼굴을 묻는다. 그리고 떤다. 머리칼에서부터 발끝까지 사시나무 떨듯 떨어댄다. 얼마 후 그 경련은 멎었다.

　"임자."

　"야."

　"우리 많이 살았다."

　"야."

　"니 여한이 없제?"

"야, 없십니더."

"그라믄 됐다. 나도 여한이 없다."

머리를 쓸어주고 주먹만큼 작아진 얼굴에서 턱을 쓸어주고 그리고 조용히 자리에 눕힌다. (2부 4권(8권) 233쪽)

『토지』에 나오는 여러 사랑 이야기 중 아마도 이 대목이 압권 아닐까? 무심한 독자라도 이 대목에서는 웬만하면 눈시울이 뜨거워질 법하다. 독자의 마음을 이토록 죄었다 풀었다 하다니, 이런 게 소설의 힘, 작가의 힘이 아닐는지. 연애소설에 견문이 적은 나로서는 아마도 용이와 월선의 이 대목이 동서고금 최고의 러브 스토리가 아닐까 생각했다.

사랑이란 무엇인지. 사랑에 대한 정의도 많고 영화도 노래도 많지만 여전히 사랑이 무엇인지 사람들은 묻는다. 『토지』에서 길상과 서희의 장성한 아들 환국은 아비 길상에게 묻는다.

"연민의 정도 애정입니까?"

길상 자신이 젊은 시절 고아가 된 애기씨 서희를 사랑하면서도 신분의 벽 앞에서 괴로워할 때, 누구에게도 서희를 양보하고 싶지 않으면서도 하인으로서 그 높은 신분의 서희를 우러러보기보다는 성미 못된 누이동생을 내려다보듯 감싸고 보살피며 만주까지 서희를 수행하고 서희의 불행을 자신의 불행 이상으로 마음 아파했었던 바, 그는 아들의 질문에 이렇게 답한다.

"연민은 순수한 애정의 출발 아니겠느냐? 젖을 물리는 어머니의 마음
도 연민일 것이다. 사별의 슬픔도 다시 못 보는 슬픔보다 연민의 슬픔
일 때 그것은 훨씬 더 진할 것일 것 같구나."

"아버님은 어머님에 대하여 연민을 느끼셨습니까? 어머님은 대단히
강하신 분인데요."

"사고무친한 남의 땅에, 타민족이 오고 가고, 이십이 못 된 천애 고아
의 처녀가 강했으면 얼마나 강했느냐." (4부 4권(16권) 179쪽)

오래전 읽었던 영국 작가 그레이엄 그린의 소설 『사건의 핵심』
에서 작가는 우리가 사랑하는 것은 그 사람의 부족함, 그 사람의 흠
결이라고 말했다. 과연 그럴까, 하는 의문 때문에 오랜 세월이 흘렀
어도 그 구절이 늘 마음에 남는다. 소설 속에서 주인공은 아내에게
충실하면서도 조난당한 여인을 구해주고 절망에 빠진 그녀의 애정
을 뿌리치지 못해 두 사람 사이에서 괴로워하다가 결국 자살을 택
한다. 자살은 가톨릭교에서는 죄악이므로 아내도 자신도 가톨릭 신
자였던 주인공은 아내에게 상처를 남기지 않으려고 수면제를 상용
하다 죽은 것처럼 위장한다.

그런가 하면 『토지』의 멀쩡한 총각 몽치는 이런저런 혼처를 다
마다하고 인물도 없고 나이도 연상에다가 아이까지 딸린 과부인지
소박데기인지 알 수 없는 '다치노미집'(아마도 선창가 싸구려 선술집을 지칭
하는 듯하다.) 모화를 아내로 맞이한다. 몽치는 어렸을 적 행로에 따라
나선 아비가 산속에서 죽은 뒤 그 시체 옆에서 혼자 밤을 지새운 억

세고 억센 아이, 소지감과 해도사 같은 지리산 산사람들이 주워 기른 아이다. 훗날 통영 뱃사람이 된 그는 언제고 어장 아비가 되겠다고 벼르는 주먹 세고 덩치 크고 배포 두둑한 사내다.

그가 모화에게 프러포즈하는 장면, 그 우악스러운 청혼이 그렇게 아름다울 수가 없다. 늙은 친정 어미와 아비 없는 아들 웅기를 데리고 겨우 살아가는 모화는 무뚝뚝하고 기질이 강한 여자다. 그러나 거친 뱃사람들이 드나들며 외상은 예사, 때로 주먹질도 당하며 살기에 그의 친정 어미는 "한겨울 얼음판을 나막신 신고 걷는 것 같고 날개 부러진 새가 수리한테 쬐기는 것 같은"(sic) 모화를 위해 행패 부리는 사내들을 혼내주기도 하는 단골 몽치에게 딸을 위해 의남매가 되어주었으면 바라지만 몽치는 엉뚱하게도 모화에게 청혼을 한다.

"거두절미하고 외로븐 사람끼리 우리 함께 살면 우떻겠소?"

"머라꼬요?"

"의형제니 머니 하는 것보다 부부로 사는 기이 우떻겠느냐 그 말이오."

"실성을 했는가배? 허파에 바람 든 소리, 그런 말 하지 마소!"

"와요?"

"말이라고 하요?"

"그러씨, 와 말이 안 되는가 이유가 있을 거 아니오."

"명색이 총각인데 아이 딸린 제집을, 그것도 나이 많은 제집을, 누구 놀리는 기요?"

"법에 어긋난다 그 말이요? 내가 아는 법은, 장개 못 간 엄더레(떠꺼머리) 총각이 과부나 소박데기를 뒤비시 업고 와서 사는 것을 나라에서는 눈감아주었고 여자가 남자보다 나이 많은 것은 우리네 혼인 풍속 아니었던가요? 머가 또 잘못된 것이 있다믄 말해보소."

"그거는 옛날 지나간 얘기고 잔소리 그만하고 가소! 술주정이라 생각할 기니께, 주정뱅이한테 매도 맞고 사는데."

"못 가겄소. 그렇게는 못하겄소."

"술장사를 하는 여자믄 다 그렇기 쉽기 농락될 줄 알았소?"

"나 세상에 살다가 청혼을 농락이라 하는 사람 처음 보겄네. 그러지 말고 웅기 어매, 내 하는 말 좀 진중하게 들어줄 수 없겄소?" (5부 3권 (19권) 108~109쪽)

모화가 도통 진지하게 들으려 하지 않자 몽치는 프러포즈를 이어간다.

"노류장화, 노는 곳에서 만난 것맨치로 살다가 그만둘 기라는 생각이 든다믄, 하기는 웅기 어매가 노류장화도 아니고 나는 그곳에서 노는 한량도 아니오만, 아무튼 의심이 생긴다믄 민적부터 먼저 하고 살아도 좋소."

"그런 실없는 말 하지 마소. 처녀들이 얼매든지 있는데 왜 하필 나 겉은 여자를 얻을라 카요, 누가 들어도 웃일 일 아니겄소? 그라고 팔자 기박한 년이 앞으로 무신 일을 당할지 뉘 알겄소. 두분 다시 나는 그런 꼴 안 볼라요."

"구더기 무서바서 장 못 담근다는 말이 있더마는 그 짝이네. 앞날을
알고 사는 사람이 세상에 어디 있소? 앞날 걱정하다가는 물가에도 못
가고 산중에도 못 가지, 선 자리에 가만히 있어야, 그럴 바에야 그만
죽어부리지 와 사는고? 이치가 안 그렇소?"

"그라믄 나 겉은 제집을 와 택했는지, 머 볼 것 있다고 그러는지, 나는
아무래도 깨달을 수가 없소."

"그야 좋으니까 그렇제, 이유가 머 따로 있겄소? 신발이란 제 발에 맞
아야 하고, 내 발에 맞일 기다 싶은게."

"얼매나 겪어 봤다고…. 나는 남자한테 정이 떨어져부린 제집이오. 이
대로 사는 기이 내 소원이오. 하지마는 이대로 살기가 너무 어려바서."
잠시 동안 목이 메는 듯하다가

"세상풍파 다 겪었는데 못할 말이 머 있겄소. 그라믄 기둥서방 노릇이
나 해주소."

서슴없이 모화가 말했다. (5부 3권(19권) 110쪽)

이렇게 해서, 이런 우악스런 프러포즈를 거쳐 둘은 혼인한다.
물론 혼인한 후에도 모화는 염치없는 결혼을 했다며 사람들 앞에
도통 나타나려 하지 않고 몽치의 옥살이를 뒷바라지하기도 하고 얼
그렁덜그렁 살지만 얼마나 유쾌한 러브 스토리인가!

어쨌거나 여기서도 애정의 바탕은 모종의 연민이었으리라. 비
슷한 사랑 이야기로 인호와 야무의 사랑도 있다. 인호는 최치수를

살해한 김평산의 착한 아들 한복의 딸로, 속아서 시집갔다가 견디지 못하고 친정에 돌아와 사는 여자다. 평사리 동네의 친일파 왈짜 우개동의 어미가 인호를 모자란 자신의 아들과 혼인시키려 겁박을 일삼자 인호는 돌연 야무와 결혼하겠다고 선언한다. 야무는 돈 벌러 일본으로 징용을 나갔다가 노동운동에 연루되어 징역을 살고 몸이 완전히 망가져 돌아와 지금도 뼈만 남아 시름시름 앓고 있는, 가난한 야무네의 노총각 아들이다. 당연히 어미는 반대하고 나선다.

> "병든 사람 수발이나 들면서 세상 보낼랍니다. 어진 사람들인께 아부지 어무이 못살게 할 까닭도 없일 기고 박복한 지가 사는 길은 그것밖에 없일 성싶습니다."
>
> "차라리 그럴 바에야 중이나 되지."
>
> 하고 영호네(인호 어미)는 울었다.
>
> "중 된 셈 치고… 그것도 좋은 일 아니겠소."
>
> "나이가 얼만데 그러노. 아부지뻘이나 된다."
>
> "나이가 무슨 상관입니까."
>
> "몸도 성찮은 사람, 언제 무신 일이 있을지 누가 아노. 억울하게, 살아보지도 못하고 과부 소리 들을 기가."
>
> "천년만년 사는 사램이 어디 있겠소." (5부 3권(19권) 371쪽)

인호는 결국 야무와 혼인하는데 작가 박경리는 인호의 결혼 생활을 "친정에 있을 때는 찌들었고 웃음기라고는 없었던 얼굴이 제

법 토실토실하고 보기가 좋았다. 옷매무시도 단정했다."라고 묘사
한다. 이어 "누군가를 섬기면서 산다는 것이, 이토록 사람을 변하게
하는 것일까, 사람은 밥으로만 사는 것이 아니며 마음으로 산다는
것을 느끼게 한다."라고 의미심장한 서술을 덧붙인다.

"누군가를 섬기며 산다는 것"! 인생의, 행복의 비밀을 가르쳐주
는 것 같은 이 말. 안톤 체호프는 그의 단편 「귀여운 여인(The Darling)」
에서 사랑하는 사람 없이는 살아갈 수 없는 올렌카의 이야기를 덧
없는 행복을 찾다가 볼품없이 늙어가는 가련한 여인의 이야기로 그
리는데, 비슷한 상황이 전혀 다르게 설정된 것은 아마도 주인공 여
성들의 스탠스가 달라서일까, 아니면 사랑의 동기나 주체성이 달랐
던 탓일까?

『토지』의 이런 이야기들은 아마도 농경사회 특유의 러브 스토
리일지 모른다. 설사 그렇다 할지라도 적지 않은 울림을 주는 러브
스토리임에 틀림없다. 그런 분류에 좀 더 적절할, 그러나 못지않게
울림을 주는 또 다른 이야기는 아마도 기생 월화와 막딸이 기성네
의 이야기일 것이다.

막딸이는 평사리 가난한 과부의 딸이다. 말 많고 극성스러운 제
어미와는 달리 묵묵히 일만 하는 작달막한 키에 다붙은 목, 볼품없
으나 근검한 그를 평사리에서 제법 밥술이나 먹는 이평이네가 며느
리를 삼아 큰아들 김두만과 혼인시킨다. 남의 일에 선뜻 나서지 않
아 목수 윤보가 "번갯불에 콩 구워 먹을 놈"이라고 핀잔을 놓지만
두만의 아비 이평은 경우 바른 농민인 데 비해 그의 아들 두만은 아

비와 달리 젊은 시절 서울 가서 목수 일을 배우며 객리 바람을 쐰 탓인지 셈에 바르고 미련할 만큼 욕심 사나운 인물이다. 젊은 시절부터 본처 막딸이는 돌아보지도 않고 서울에서 만난 비빔밥 장사 쪼깐이를 소실로 들이더니 끝내 호적마저 옮겨서 쪼깐이를 본처로 올려버린다. 이를 반대하여 큰며느리 막딸이 편을 드는 부모와 척까지 지면서. 그런데 나이가 들자 이번에는 쪼깐네도 놔두고 젊은 기생첩 월화를 소실로 들어앉힌다.

그 월화가 소실의 도리를 다하고자 본댁을 찾아 인사를 드리는 장면인데 미감(美感)이 탁월한 박경리 선생은 여기서도 "남색 치마에 옥색 저고리를 입은" 기생 월화의 뒤태를 빠뜨리지 않고 아름답게 묘사한다. 그러나 큰며느리 기성네(막딸이)를 끼고도는 시어머니 두만네의 대접은 쌀쌀맞기 그지없다. 소실의 도리일 것 같아 찾아왔다는 월화의 인사에 두만네는 "도리를 아는 사람이 남의 소실로 들어왔나?" 아픈 곳을 찌른다.

"가세가 곤궁하다 보니… 기생 팔자를 어쩌겠습니까." (5부 3권(19권) 276쪽)

돌아오는 길에 월화는 섬진강가에서 눈물을 뿌린다.

얼굴이 새까맣고 반백이 된 중늙은이, 본댁 티를 내기는커녕 오히려 낯가림하는 아이처럼, 그리고 수긋했던 김두만의 본마누라, 그 자리가 얼마나 대단한 것인가를 월화는 가슴 아프게 느꼈던 것이다. 호적이야 어찌 되었건 귀밑머리 마주 풀고 일부종사한 여자의 당당함을 월화는 느꼈던 것이다. 늙고 못생겼으며 난쟁이같이 볼품없는 체구 그 어디에선가 풍겨 나는 당당함, 인생에는 눈에 보이는 것과 보이지 않는 것이 있다는 것을 깨달은 것이다. 시어머니 후광 속에 있던 그, 이웃 사람들에게 둘러싸여 있었고 시동생, 손아래 동서 그리고 조카들에게 떠받침을 받고 있는 기성네의 처지는 견고한 성만 같았다. 그 것이 부러웠다. 자기 자신은 결코 가질 수 없는 자존심인 그것, 아무나 꺾을 수 있는 노류장화, 서로 정 때문에 어쩔 수 없이 묶이어 그늘에서 숨어 사는 것도 아니며 돈이 많아 호강은 한다지만 늙은 영감 수발이나 드는 소실 신세가 서러워 월화는 울었던 것이다. (5부 3권(19권) 276~277쪽)

새벽에 일어나 자리에 들 때까지 그저 일하는 것을 낙으로 평생 일에 찌들어 살아온 못생긴 중늙은이 기성네(막딸이), 과부 어미가 죽어 "울고 갈 친정도 없는" 그를 한결같이 끼고도는 시어머니 두만네는 옷고름으로 눈물을 찍어내며 말한다.

"내가 내 며느리라고 역성을 드는 거는 아니다. 우리 기성네를 보고 있이믄 긴긴 세월을 하루같이 남 원망하는 일 없고 남 해코지하는 일 없고, 두 가지 맘 쓰는 일 없고 일이 낙이라, 말이나 더분더분 한단 말가, 불쌍하고 간이 아프다. 모두 희희낙락할 때 일하고, 가장과 함께

오순도순 이야기할 때 저는 등잔불 밝히감서 바느질하고…"(5부 3권
(19권) 298쪽)

"Easy come, easy go(쉽게 얻은 것은 쉽게 가버린다)."라는 예전 팝송
가사도 있다지만, 인생에서 뭐든 공들이지 않고 얻어지는 건 없다
고들 하지만, 아리따운 기생 월화가 섬진강가에 홀로 서서 눈물을
뿌려가며 부러워하는 기성네의 자리, 저렇게 해서 얻어지는 저 존
엄한 사랑은 도대체 어떤 사랑일까?

이쯤 되면, 너무 드라마틱해서 요즘 인기 있는 표현으로 '지속
가능(sustainable)'하기가 어려운 연애 얘기는 역시 연속극에서나 즐기
고, 이런저런 풍파를 거치며 때로는 갈라서자고 원수처럼 저주하며
지루하도록 오래 묵은 지어미, 지아비들이야말로 천복을 받은 사람
들일까? 그러니 함께 지탱하며 버텨온 서로에게 감사해야 할까? 그
래서 『성경』에서는 "범사에 감사하라."라고 했을까?

글쎄, 대신 '관계의 지속 가능성'을 위해 때로 지루함의 모욕을
견뎌야 할 테니 이 역시 기회비용이 만만치 않은 셈이다. 세상에 공
짜가 어디 있던가. 천복을 누리려면 그런 정도의 대가는 기꺼이 치
러야 하는 걸까? 그래, 역시 쉬운 사랑은 없구나!

3
『토지』의 성(性):
정직하고 담담한

초등학교 1, 2학년 무렵의 어렸을 적, 동네 골목에서 고학년 남자 형이 놀고 있는 아이들을 둘러보며 말했다.

"너네들 다 엄마, 아버지가 ○해서 낳은 거야."

그는 당시의 꼬마들 세계에서도 어떤 이유에선지 '깡패'라고 불리었고, 우리는 그 집안 형제며 부모들도 하나같이 드세다고 부모들이 꺼려하는 말을 들었던 것 같다. 그래서 더 그랬을지도. 아무튼 그 말의 뜻을 모르면서도 무언가 표현이 상스럽고, 조롱하고 비하하는 것 같은 느낌이 강하여 어린 마음에도 모욕감 같은 기분이 들었던 것 같다.

놀라고 화나고 당황하여 나는 집으로 쫓아들어 왔다. 마침 할머니가 계셔서 그 말을 옮기며 사실인지 물었다.

"아니야. 엄마랑 아버지랑 손 꼭 잡고 한 이불 속에서 자면 아이가 생기는 거야. 너희들은 다 그렇게 해서 태어났지."

놀란 마음이 어찌나 안심이 되던지! 그러면 그렇지, 내가 그런 짓의 결과로 태어났을 리가 있나, 싶었던가 보다. 지금도 그 에피소드의 기억은 강렬하게 남아 있다. 성교육을 받았을 리도 없건만 할머니는 어떻게 그렇게 지혜로우셨을까? 쪽을 진 앞머리가 고슬고슬한 곱슬머리의 할머니는 특히 버선 신은 발이 말 그대로 '외씨버선'처럼 고왔다. 내 손가락이 길고 발이 크다(당시 기준으로는)고 걱정하시던 할머니는 "손발이 고와야 귀인(貴人)이 된다는데…" 하며 혀를 끌끌 차시곤 했다.

내 눈에는 속저고리, 겹저고리가 다 그게 그거 같아서 구분이 안 되는데도 더운 여름날 아마도 속적삼 바람이었는지 대청에 앉아 계시다가 누가 들어오면 기겁을 하고 방으로 들어가 저고리를 찾아 입으시던 할머니. 내 아래 남동생이 태어났을 때 드디어 13대 장손이 태어난 것을 확인하고는 감격에 손이 떨려 아이를 받을 수 없을 정도였다는 할머니. 그런 할머니가 늘 말씀하시기를 칠장사에 가서 불공드리고서 얻은 자손들이라며 어려서부터 우리 형제에게 막무가내의 자긍심을 심어주셨다.

성(性)과 관련해 기억나는 또 다른 에피소드는 중학교 2학년 때의 일이다. 학년 전체를 강당으로 모이라는데 평소와 달리 담임 선생님이 인솔하지 않고 또 남자 선생님들은 한 명도 없었다. 음악 선생님, 미술 선생님 등 여자 선생님들은 모두 모여 있었다.

잘은 모르지만 선생님들 중에서 서열이 높다고 막연히 생각했던 나이 많은 가정 선생님이 단상에 올라오셔서 평소의 엄격한 이미지와는 달리 쑥스럽고 비밀스런 이야기를 나누는 것 같은 은밀한 표정, 은밀한 웃음을 지으며 무슨 설명을 하시는데 도무지 무슨 말인지 이해할 수가 없었다.

아무튼 이제부터 '우리끼리는(!)' 이걸 '꽃'이라고 부르자고 각별하고 내밀하게 얘기하던 기억만 난다. 오히려 옆의 친구들이 생리에 대해 설명하는 거라고 수군거리는 것을 듣고서야 짐작할 수가 있었다. 지금 생각하면, 뭘 그리 내숭을 떨었담. 새삼 한심하고 화가 나기도 한다.

아무튼 그날의 그 은밀하고 비밀스런 분위기는 깊이 인상에 남아 생리란 수군거려야 하는 무엇, 부끄럽고 수치스러운 무엇, 이런 식의 이미지가 자리 잡았고 생리에 대한 두려움이 무시무시하게 크게 다가와서 "쟤는 이미 생리를 시작했다."라고 친구들이 수군거리던 뒷자리 키 큰 친구들이 외계인 비슷하게 느껴질 지경이었다. 여학생들에게 '생리대 무료 제공' 운운하는 기사가 '공공연히'(맙소사! 당연히 공공연해야지, 흐미~.) 떠벌려지는 것이 어쩐지 불편한 것을 보면 젠장, 사춘기 그 기억이 엔간히 강렬하게 각인되었던 모양이다.

성교육이라는 걸 제대로 받아본 기억이 없고, 언니나 여자 선배들하고도 그와 관련된 이야기를 나누어본 적 없는 우리 세대이고 보니 뒤늦게 미국 드라마 〈섹스 앤 더 시티〉를 보면서 비로소 사회·문화적 성교육을 받는 느낌이 들었던 것이다. 그에 앞서 공전의 히트를 친 미드 시트콤 〈프렌즈〉를 즐겨 보았었는데, 비슷한 기대로 보게 된 두 번째 미드 〈섹스 앤 더 시티〉는 차원이 전혀 다른 드라마였다. 그 노골적인 성적 대화라니! 처음에는 불쾌(nauseating)하달까, 거부감이 적지 않았는데 주인공 캐리를 비롯해 주인공들 각각의 독특한 패션이 버무려지면서 점차 드라마가 유쾌해지기 시작했다. 성을 다루는 특유의 솔직함, 성을 둘러싼 에피소드를 유머러스하게 다루는 그 건강함이 썩 마음에 들었다.

그 전에도 〈야망의 계절(Rich Man, Poor Man)〉이라는 드라마에서 별거하면서 이혼소송을 진행 중이던 여성이 혼외정사 장면을 남편 쪽 변호사에게 찍혀서 곤혹스러운 상황이 되는데 그때 그 여성 왈, "성인 여성한테 6개월씩이나 금욕을 기대한다는 게 말이 되나요?" 하는 것이다. 오히려 당당하게 말해서 한편 놀랍고 한편 통쾌했던 기억이 있다.

그런데 〈섹스 앤 더 시티〉는 이 정도가 아니고 여성들이 구체적으로 성희(性戱)의 테크닉을, 그것도 고강도(?)의 테크닉을 대담하게 (아마도 때로는 상업적으로 선정적으로 과장되게) 이야기하고 이를 별다른 '오버' 없이 일상의 생활처럼 치부하면서 농담하고 진지하게 탐구(?)하는 것을 보여준다.

예컨대, 킴 캐트럴이 연기한 뉴욕의 잘나가는 홍보 회사 간부 사만다는 관계가 '원 나잇 스탠드' 이상으로 진전되는 것을 거부하는 여자다. 그렇다 보니 저 남자랑 내가 잔 적이 있던가, 가물거리기조차 한다. 그 사만다가 이미 충분히 아름답건만, 더 풍만한 유방을 갖겠다고 성형외과에 갔다가 뜻밖에 유방암 의심 진단을 받고 여성

전문 병원의 유명 의사에게 예약하려는 장면에서 수녀가 똑같은 증상으로 예약을 기다리고 있었다.

성행위 유형 및 횟수를 묻는 의사의 질문에 사만다는 기억을 더듬어가며 답을 쓰다가 아무래도 정확히는 모르겠다고 대답한다. 황당하면서도 어처구니없고, 어쨌든 빵 터지는 장면이었다. 이어 사만다는 비슷한 질문을 수녀에게 한다. 수녀가 "아이 엠 난(I am nun: 나는 수녀예요)."이라고 대답하는 것을 사만다는 "아이 엠 난(I am none: 난 한 번도 없어요)."이라고 알아듣는 대목도 역시나 빵 터지는 장면이었다.

또 다른 주인공, 뉴욕의 잘나가는 싱글 변호사 미란다는 침대 머리맡 서랍장에 여성용 자위 기구 '딜도'를 넣어두고 있다. 당연하다는 듯이 이런 세팅을 보여주는 것도 쇼킹하지만 이를 별것 아니란 듯 유머러스하게 처리하는 여유에는, 아무리 뉴욕이라 한들 드라마 특유의 과장이지 싶으면서도, 일단 박수를 보내고 싶어지는 것이다.

이어지는 상황인즉슨, 동유럽계의 고지식한 파출부 아주머니가 이것이 영 못마땅해 그 민망한 도구 대신 비슷한 사이즈의 성모 마리아상을 미란다의 서랍에 넣어둔다. 미란다가 저녁에 퇴근해 딜도를 꺼내려다 성모 마리아상을 발견하는 대목에서는 아무리 보수주의자라도 웃음이 터질 수밖에 없을 것이다! 성을 이렇게 유쾌하게 소재로 삼다니 참 상상력 대단한 에피소드였다.

『토지』에 등장하는 성은 〈섹스 앤 더 시티〉의 성과는 매우 다르다. 그걸 다루는 박경리 작가의 태도 또한 무척 진지하다. 그런데도 뭐랄까, 성을 적극적으로 보고 솔직하게 본다는 점에서 나로서는 매우 긴밀한 공통점을 느꼈다. 그중에서도 인상적이었던 것은 수동과 김휘의 예다. 『토지』의 수많은 등장인물 중에서도 수동과 김휘는 순박하고 충직한 성품으로는 둘 다 대표급이라 할 만한 인물들이다. 그런데 박경리 작가는 하필이면 이 둘의 경우에다가 어쩔 수 없는, 주체할 수 없는 성의 본질을 투영하고 있다.

수동은 최 참판 댁의 하인인데, 최치수와 윤씨 부인이 차례로 죽고 고아가 된 어린 최서희를 외곬으로 섬기다가 병으로 죽는, 뼛속까지 봉건 윤리가 스며 있는 충직한 하인의 전형이다. 그런 그가 최치수 생전에 그를 따라 마을의 강 포수를 앞세워 사냥에 나섰다가 하룻밤을 마름의 농가에서 묵게 되는데 느닷없이 마름의 어린 딸아이의 흔들리는 머리꼬리를 보고는 감당할 수 없는 욕망에 시달리는 것이다.

추석을 앞둔 도저한 달빛이 방문으로 비쳐 들고, 그는 스스로 감당할 수 없는 막무가내의 성적 욕구에 사로잡힌다. 같은 하인으로서 지저분한 매춘을 자랑하던 삼수를 짐승 같은 놈이라고 욕했던 그가 어린 여자아이를 덮치고야 말 것 같은 난폭한 충동에 시달리는 것이다.

방문에 감나무 잎의 그림자가 춤을 추고 있었다. 여자의 손짓 같았고 여자의 치맛자락 같았고 여자의 머리카락 같았다.

"아아 참 못 견디겠구나. 참말이제 살인하겠고나. 아아 우찌 저리도

달은 밝은고, 미치게 달도 밝다." (1부 2권(2권) 201쪽)

수동이 결국 잠을 못 이루고 일어나 앉자 달빛을 받으며 누워 심란했던 강 포수도 따라 일어난다. 수동은 주가(主家)에서 짝지어준 분이가 일찍 죽고 홀로 된 홀아비, 얼굴이 온통 수염에 묻힌 텁석부리 강 포수는 매인 데 없이 자유로운 덩치 딱 바라진 사냥꾼이다. 사냥감을 팔아 여자를 사기도 했으나 역시 홀몸, 사십 나이 안팎의 이를테면 '엄더레총각'* 사냥꾼인데 그만 어쩌다가 최 참판 댁 종년 귀녀에게 마음을 빼앗겨 한참 애를 태우고 있던 참이었다. 그 강 포수가 수동에게 묻는다.

"이 나이 해가지고 나도 미쳤지. 내외간의 정이 우떤 것고?"

"머 몰라서 묻소?"

"잠자리를 같이하는 기이 정이라 그 말이가?"

"그렇겄지요."

"아니다. 그런 기이 아닐 기구마. 세상에 기집이 없어서? 한 곳으로 쏠리는 그거지, 머, 머라 캤이믄 좋을꼬? 한 목심 걸어놓고, 머 머라캤 이믄 좋을꼬?" (1부 2권(2권) 202쪽)

•

엄더레총각이라는 표현은 『토지』에서 처음 접한 단어인데 아마도 '떠꺼머리총각'의 사투리 인 듯싶다. 그 어감 때문에 강 포수처럼 중늙은이 엉터리 총각을 의미하는 줄 알았는데 꼭 그렇지는 않은 듯하다.

박경리 작가의 대단한 필력에 감탄하지 않을 수 없는 대목이었다. 지저분하고 야비한 하인 삼수가 아니라 충직한 하인 수동을 내세워 이런 장면을 연출하는 것이 더욱 놀라울뿐더러, 동네 아이들에게 장가도 못 갔다고 놀림감이 되기 일쑤인 텁석부리 산 사나이 강 포수로 하여금 내외간의 정을 저렇게 말하게 하는, 어눌하여 더욱 절실한 저런 언어로 말하게 하는 작가의 필력이 놀랍기 그지없다! 어찌 단순히 붓끝을 재주 있게 놀리는 글재주로서의 필력일꼬? 필시 생명과 인간에 대한 작가의 깊은 천착이리.

비슷하게 박경리 작가는 요즘 말로 '바른 생활 사나이'라 할 만한 김휘를 통해 생명의 근원, 성을 이야기한다. 김휘는 동학의 잔당으로 지리산에 숨어 사는 김강쇠의 아들이다. 역시 지리산에 은둔해 살고 있는 해도사와 도솔암 지감 스님에게 한문을 배우고 지리산 정기를 마시며 인물 좋고 심성 바른 청년으로 자랐다. 이웃 화전민 딸 순이에게 별 감정이 없었는데 송이를 따러 갔다가 갑작스런 순간에 순이를 맞닥뜨린다. 높은 바위 위의 순이를 내려주려다가 순이가 발이 미끄러지는 바람에 휘에게 안겨버린 꼴이 되었는데, 강렬한 여자 머리 냄새와 가슴의 감촉에 순간적으로 순이를 끌어안고 입을 맞춰버린다. 그는 순이의 동생 길룡이가 근처에 있으리란 사실을 깨닫지 않았더라면 더 무슨 일을 저질렀을지 모른다는 생각을 하며 전신을 떤다.

바위를 번쩍 들어 올려 메치고 거목을 송두리째 뽑아 젖힐 것만 같은,

터져 나올 것 같은 힘, 미쳐 날뛸 것 같은 힘, 알 수 없는 흉악한 힘에 시달리며, 집에 돌아왔을 때 그의 전신은 땀에 흠뻑 젖어 있었다. 그 날 이후 휘는 순이를 되도록 피해 다녔고 두 번 다시 순이에 대하여 이상한 욕정을 느끼지 않았다. 오히려 자기 자신에 대한 혐오감과 함께 순이에 대해서도 알 수 없는 혐오감을 느끼기 시작했다. (4부 3권(15권) 183쪽)

이렇게 되자 거꾸로 순이가 휘의 주변을 맴돌며 그가 자신에게 특별한 감정이 있다고 오해한다. 그런데 정작 휘가 부모가 맺어준 다른 여자와 결혼하게 되자 잠시 소동을 피우기도 한다. 생명의 근원이기에 살인이라도 저지를 것만 같은 강한 충동이지만 수동이나 김휘는 바른 인간이었기에 그 성을 결국은 통제해 살인을 저지르거나 후회할 만한 지경의 직전에 가까스로 자신을 추스른다.

이처럼 성을 다루는 『토지』의 스탠스는 기본적으로 정직하고 사실적이다. 예컨대 평사리 마을에서 키가 훤칠하고 인물도 가장 돋보여서 노상 아낙들의 관심의 대상이 되는 용이 마을길에서 칠성이댁네 임이네를 만나는 장면에서도 그러하다. 임신하여 몸 풀 날이 얼마 남지 않은 만삭의 임이네는 자줏빛 옷고름과 끝동을 물린 흰 무명 저고리의 옷섶 앞이 벌어져 있고 검정 치마도 불룩하게 솟아 있다.

그런 임이네가 남의 남편이지만 잘생긴 용이에게 웃음을 뿌리며 수작인지 추파인지 말을 건네는 장면을 묘사하며 "그는 임신한 여자였을 뿐 어미가 아니었다. 음탕한 것도 아니었다. 그것은 자연이었다."라고 한다.

　마을에서도 아낙들 중 인물이 좋아 늘 제 인물을 뽐내는 임이네, 추잡한 추파로 묘사할 법도 한데 박경리는 이렇듯 "그것은 자연이었다."라고 담담하게 말한다. 하인 구천이 별당 아씨와 함께 달아난 사건을 두고 마을 아낙들이 나누는 '뒷담화' 역시 이를 크게 벗어나지 않는다.

> 잘한 일이라 할 수는 없으나 있을 수는 있는 일 아니겠느냐, 가문도 좋고 재물도 좋기야 하지마는 여자치고 여간한 주모 없이는 선골풍 같은 남자가 명을 떼어놓고 덤비는데 마음이 동하지 않겠느냐, 새파란 나이에 말이 서방님이지 지척에 두고 딸 하나 낳은 뒤로는 만리성을 쌓고 살았다니 그럴 수도 있지 않겠느냐.
> "여자란 아이 낳을 시기가 되믄 눈에 보이는 기 없어진다 카더라마는." (1부 1권(1권) 124쪽)

　유교의 도덕률이 엄연했을 그 시절 농촌 아낙들이 나눈 대화라니, 의외가 아닌가. 성 자체는 생명력의 원천과도 같은 것. 그래서 동서고금을 막론하고 기본적으로 통하는 생명의 보편성 같은 게 있어서일 게다.

　그랬는데, 성에 대한 우리의 문화는 어쩌다가 이렇게 낙후하게 되었을까? 보수적이라기보다는 낙후되었다고 해야 정확할 것이다.

아니, 그보다는 위선적이라고 해야 더 정확하지 않을까 싶다. 요즘은 학교 교정에서도 학생들이 진한 스킨십(보는 이의 기준에 따라 다르겠으나)을 거리낌 없이 하곤 하는데, 동료 교수들 중에는 질색을 하며 힐난하는 경우도 종종 있다.

"뭘 그러세요? 쌈하는 거보다야 백번 보기 좋지!" 하고 농으로 지나치는데 음란 행위를 한 것도 아니고 왜 저렇게 질색을 할까? 성에 대해 좀 너그러워졌으면, 최소한 위선적이지는 말았으면 하는 생각을 하게 된다.

박경리 작가는 『토지』에서 분방한 일본인 여성 세츠코의 입을 빌려 말한다. "사랑의 순결 같은 것도 하나의 의식 과잉, 그건 자연이 아니야. 정직하다 보면 인간의 치부 같은 것 뭐 그리, 대단하게 죄악이라 할 수도 없잖아."라고 말이다.

그런가 하면 답답할 정도로 조신한 여자 명희를 동정하며 그의 친구 여옥은 이런 생각을 한다.

'명희의 정신적 처녀성은 외로움의 고통보다 훨씬 강하다. 때에 따라서 순결이란 일종의 나르시시즘이야. 그것은 인간의 존엄성하고는 좀 달라.'

혼전 순결이니 정절 운운하는 담론이야 많이 달라졌다지만 여전히 애정의 순수성 혹은 성실성을 둘러싸고 고민하는 젊은이들, 상대의 실수 혹은 일탈 때문에 파탄 직전까지 치닫는 중노년의 부부들, 그 모든 문제들을 감당하여 말할 자신은 감히 없으나 조금만 더 너그럽게 성을 볼 수 있다면, 분출하는 생명이 때로 사회가 금

그어놓은 기준을 벗어날 때 필요 이상 수선 떨지 않는다면 나의 조카들은, 우리의 젊은이들은 좀 더 건강한 성을 누릴 수 있지 않을까 하는 생각이 드는 것이다.

4
존재의 근원, 모성애: 석이네와 야무네

엊그제 '인터넷 혁명', '3차 산업혁명' 하더니 어느새 '4차 산업혁명의 시대'란다. 음, 참 혁명들 좋아하셔. 혁명에도 인플레이션이 있는지 이제 웬만한 건 다 혁명이다. 그래서 혁명이 일상인 듯, 일상의 광고 카피인 듯 소비된다. 하기야 세계의 젊은이들이 너도나도 입는 티셔츠 중에 베레모를 쓰고 파이프를 문 남미의 혁명가 체 게바라 사진 만큼 유명한 게 또 있으랴. 체 게바라야 워낙 라틴계 특유의 음영 짙은 잘생긴 얼굴에다가 의사 출신 지식인 운동가로서 볼리비아 혁명 전투 도중 죽었다는 스토리도 드라마틱해서 상업적 광고 차원에서뿐만 아니라 미학적으로도 대단히 쓸 만했으리라.

게으른 나는 일상이 바뀌는 걸 싫어하는 '귀차니즘'의 대가다. 본래의 가지런하고 편안한 습관이 혼란스러워지다니, 그런 격변을 감당할 수 있을지 모르겠다. 그런데 "인류는 진보해도 인간은 제자리"라는 말이 있더라. 이 얼마나 다행인가! 그러고 보니 동서고금의 고전에서 가장 많이 다루는 것은 역시나 사랑인 듯하다. 그리고 우리를 행복하게 하는 것 첫 순위는 '아기'라고들 한다. 대체로 3순위 돈, 2순위 건강, 이렇게 대답하다가 마지막으로 발표되는 1순위는 '아기'다.

어떤 시인은 아가의 동그란 볼에 평화가 깃든다고 노래했다. 그래, 고단한 인생, 우리를 쉬어 가게 하는 평화의 휴식, 행복의 샘물, 그것이 아기일 터. 영국 작가 그레이엄 그린의 소설 『밀사(The Credential)』에서 주인공 D는, "주여 내게 평화를 주소서." 기도한다. 평화만이 가장 간절한 염원인 양. 그는 혁명 과정에서 반혁명 분자로 지목되어 아내를 잃고 아내를 죽인 그 혁명 세력의 지시로 인민의 생사가 달린, 혁명의 성패가 달린 석탄을 수입하러 영국에 온 밀사다. 혁명을 좌절시키기 위해 역시 석탄 수입에 목줄을 건 반혁명 세력과의 갈등과 음모 속에서 평화에 대한 그의 갈구는 얼마나 간절하던가.

간절한 기도, 그러나 아무리 간절한 기도도 『토지』에서 아들 석이의 명을 비는 어미 석이네의 기도만큼 절절할까?

남편 정한조가 의병으로 오인되어 총 맞아 죽은 뒤 쫓기듯 평사리를 떠나 진주로 나온 석이네는 빨래품을 팔아, 아들 석이는 물지게를 지어 생계를 잇는다. 석이가 파락호 행세를 가장하면서 실은 뒤로 독립운동을 하는 관수를 만나 함께 밤을 지새우느라 집에 돌아오지 않던 추운 겨울날 어미 석이네는 뒤숭숭한 꿈을 꾼다.

"어메, 나 겨드랑이에 날개가 돋쳤소. (중략) 탄탄한 날개가요. 그러니께 나는 훨훨 날아댕길라요. 구만 리 장천을 훨훨 날아댕길라요. 훨훨, 훨-훨-훨-훨."

나중에는 아들 모습은 보이지 않았고 '훨훨' 하는 목소리만 되풀이 들려온다. 그 목소리에 잠이 깬 것이다. (2부 2권(6권) 100~101쪽)

아들이 어딘가로 떠나려 한다. 그런데 남편이 졸지에 총 맞아 죽은 석이네는 '살아서만 떠나는가, 죽음으로도 떠난다'는 생각으로 마음이 뒤숭숭한 채 삶은 빨래를 이고 개울가로 간다.

얼음을 깬다. 방망이로 툭툭 얼음을 깬다. 바스라질 가랑잎 같은 몸이 마치 신들린 무당처럼 일을 한다. (중략)

'명천에 하나님네, 우리 석이 수명장수 비나이다. 비명횡사 아비 몫까지 살게 하소서. 재앙은 물 아래로 가고.'

…얼음을 깬다. 허공에서 춤을 추는 잡신들에게 방망이질을 하듯 얼음을 깬다. (2부 2권(6권) 101쪽)

한편 이어지는 장면에서 석이는 관수와 함께 일하는 사람들을 만나보러 길을 떠나는데 나룻가에서 평사리 마을의 똑같이 가난한 아낙 야무네를 만난다. 아비가 총 맞아 죽고 쫓기듯 평사리를 떠나 진주로 나온 후 오랜 세월이 흘러 옛 고향 아주머니를 나루터에서 맞닥뜨린 것이다.

…야무네는 석이를 보는데 미처 뭐라 해야 할지 말을 잊은 듯 두 눈이 시뻘개지면서 눈물이 글썽글썽 돈다. 석이 눈도 벌개진다.

"니가, 니가 우찌."

치마꼬리를 걷어 눈물을 찍어낸다. (2부 2권(6권) 348~349쪽)

야무네와 인사를 마친 석이와 관수가 다시 길을 떠나는데 저만치 가던 야무네가 숨을 헐떡이며 도로 허둥지둥 뛰어온다.

"아무래도 그냥 가기가 서분해서, 마침 떡장사가 있길래 샀다. 가믄서 입가심이나 해라."

"아지매도 참."

"이냥, …서분해서… 부디 아금바리 해서 옛말 하고 살아라이? 우리사 머 지는 해니께…." (2부 2권(6권) 354쪽)

보잘것없는 가난한 민초들의 일상의 대사 속에 이렇듯 장엄한 인생의 단면을 여실히 담아내다니! 그런데 눈물을 닦으며 돌아서 가는 야무네를 바라보고 망연히 서 있는 석이 어깨를 툭 치며 관수가 하는 말. "어 가자, 간장 녹을 일이 어디 한두 가지가. 산 보듯 강 보듯 가자!"

야무네의 심정도 석이네에 못지않다. 아들은 야무지게 살라고 야무, 딸은 넉넉하게 살라고 푸건이. 우리말의 감칠맛을 잘 담고 있는 이런 예쁜 이름들을 지어주었건만 아들과 딸이 이름과는 달리

험하기 짝이 없는 인생 역정을 밟기 때문이다. 남편을 일찍 잃은 가난한 과부 야무네, 딸 푸건이는 시집갔다가 병이 들어 친정으로 쫓겨 왔다가 젊디젊은 나이에 죽는다. 불행은 끊이지 않아 이번에는 돈 벌러 일본 갔던 큰아들 야무가 노동운동에 연루되어 옥살이를 하더니 병든 몸으로 고향에 돌아온다. 아들 야무가 돌아왔을 때 야무네는 "자식이란 멋일꼬? 애간장을 녹이는 기이 자식이다. 전생에 무슨 인연으로 부모 자식으로 맺어진 길까? 그것들이 병들어야 고향으로 돌아오는 길까?" 말한다.

부모 자식 간의 인연이란 무엇일까? "애간장이 녹는 거, 가슴에 피멍이 드는 그기이 자식"이라고 야무네는 생각한다. 그 야무가 마을의 똑같이 불행한 여자 인호와 결혼하고 포시락포시락 살아나면서 야무네도 근심을 덜게 되지만.

존재의 근원이라고 할 부모 자식의 인연, 그 인연은 아버지라고 다를까? 동서고금 부성애에 대한 글 중 가장 아프고 절절한 것을 나는 그레이엄 그린의 『권력과 영광(The Power and the Glory)』에서 읽었다. 대학 시절 우연히 읽고 그린에게 빠져들어 그 후 그의 작품을 일부러 찾아 읽게 해준 소설이다.

혁명정부가 들어선 1920년대 멕시코에서 가톨릭교가 박해를 받고 신부들이 순교 당하는데 평소 신앙심이 그리 진지하지도 않았던 위스키 신부(술을 너무 좋아해서 얻은 별명이다)가 어쩌다가 순교자처럼 쫓기는 신세가 된다. 그 긴박한 와중에 그는 하룻밤 실수로 사생아를 낳는다. 다시 쫓기는 과정에서 더 이상 갈 데가 없어 예전의 그 마을로 숨어든 위스키 신부는 마을 어귀에서 한 무리의 아이들을 만난다. 그중 나이에 안 어울리게 가장 사악해 보이는 계집아이, 알고 보니 그 아이가 바로 자신의 사생아 딸이었다. 마을 사람들도 더는 그를 숨겨줄 수 없어 새벽에 다시 길을 떠나는데 딸아이가 따라 나온다. 그 장면에서, 세속의 연을 끊고 하느님의 종이 되기로 서약한 바 있는 신부였으나 그는 딸에게로 향하는, 자신도 미처 예상하지 못했던 막무가내의 애정을 어쩌지 못한다.

그 아이를 가질 때 그들은 조금의 애정도 들이지 않았다. 공포와 절망과 브랜디 반병과 고독감이 그를 몰아 그 무시무시한 짓을 행하게 한 것이었다. 그 결과물이 바로 이 두렵고도 창피스러운데도 어찌할 수 없는 사랑이었다….

"애야, 조심해야 한다…."

"뭘 조심해요? 왜 떠나는 거지요?"

그가 조금 더 가까이 갔다. 딸에게 입 맞추는 건 괜찮겠지. 하지만 아이는 뒤로 물러섰다.

"어디다 대고…."

나이 든 목소리로 귀가 찢어지게 외치더니 아이는 낄낄거렸다. 아이들은 태어날 때 이미 그게 어떤 것이든 사랑에 대해 알고 있는 법이라고 그는 생각했다. 엄마의 젖을 빨 때, 아이들은 사랑을 받아들인다. 하지만 어떤 부모와 친구를 만나느냐에 따라서 아이들이 알게 되는 사랑은 달라진다. 아이들은 구원의 사랑을 알 수도 있고 저주받을 사랑을 알 수도 있다….

그는 조용히 기도했다.

"오, 하느님, 통회하지 않겠사오니 어떤 식으로든 죄 중의 상태로 저를 죽여주시고 다만 이 애를 구하소서."

…그는 무릎을 꿇고 앉아, 낄낄대며 도망가려고 하는 아이를 자기 쪽으로 끌어당겼다.

"사랑한다, 얘야. 난 네 아버지고 너를 사랑한단다. 넌 그걸 알고 있어야 해."

그가 아이의 손목을 꽉 잡자, 일순간 아이는 몸부림을 치지 않고 그를 바라봤다. 그가 말했다.

"나는 목숨도 내놓을 수 있다. 아무짝에도 쓸모없는 것이긴 하지만 내 영혼까지도…, 사랑한다, 얘야, 그걸 알아야 해. 넌 너무나 소중한 존재라는 걸."

그는 전부터 알고 있었던 사실이지만, 다른 사람들, 국가니 공화국이니 하는 것들에만 관심이 있는 정치 지도자들의 신앙과 그의 신앙의 다른 점이 바로 여기에 있었다. 이 아이가 그에게는 대륙 하나보다도 소중했다. 그는 말했다.

"너는 너무나 필요한 사람이기 때문에 스스로를 잘 돌봐야 한단다. 수도에 있는 대통령은 총을 든 사람들이 지켜주지만 내 딸, 너에게는 하늘나라의 천사들이 있단다."

…그는 아이를 놓아주고 터덜터덜 광장 쪽으로 돌아가다가 구부정한 등 뒤에서 사악한 이 세상 전체가 그 아이를 파멸시키기 위해 몰려드

는 것을 느낄 수 있었다. (『권력과 영광』, 열린 책들, 108~109쪽).

"수도에 있는 대통령은 총을 든 사람들이 지켜주지만 내 딸, 너에게는 하늘나라의 천사들이 있단다." 처음 읽을 때도 이 구절이 가슴을 쳤다. 이 세상 모든 아이들에게 그들을 지켜주는 이런 하늘나라의 수호천사들이 있다면 얼마나 좋을까!

위스키 신부는 의미 없는 도주를 계속하다가 한 살인범의 고해를 들어주기 위해 죽을 줄 알면서도 멕시코로 되돌아와 체포되어 결국 총살당한다. 그를 추적하는 신념에 찬 혁명군 장교와의 대화, 하늘 높은 곳이 아니라 비열하고 지저분한 인간들의 일상 속에서 그들과 함께하는 신의 의미, 2차 세계대전 직후 혼돈스러운 도시 빈을 배경으로 오손 웰즈가 주연을 맡았던 영화의 고전 〈제3의 사나이〉의 작가답게 스릴 넘치는 그런 특유의 스토리 전개에 빠져들어 읽은 책이었다. 자신의 사생아 딸 브리기타와 작별하는 이 장면이 내게는 유독 화인처럼 지금도 강렬하게 남아 있다. 브리기타, 얼마나 강렬한, 가슴 철렁하는 이름이었는지!

더 나은 세상을 향한 열망, 그 실천으로서의 혁명 혹은 개혁은 아마도 누추한 인간이 꿈꾸는 피안을 향한 비상(飛上)일 터. 그러나 그러한 비상의 열망, 진보를 향한 모든 열망의 터전은 결국 내 아이의 미래를 위한 치열한 기원에서 비로소 구체화되는 것이 아닐지.

사람들은 결혼을 하고 아이를 낳고 부모가 되면서 젊은 날의 '진보'를 훨씬 더 구체적으로 생각하게 된다고 말한다. 아이들에게 더 나은 세상을 물려주고 싶어 하는 세상 모든 부모의 원초적 사랑이 아마도 세상을 진보시키는 원동력이 아닐까? 그런 의미에서 부모는 모두 '진보 세력'일 것이다. 꼭 부모가 아니어도 아이들의 고통, 아이들의 빈곤은 몇 배로 가슴 아프지 않던가.

동남아에 갔을 때 "원 달러 플리즈~." 하며 구걸하던 코흘리개 아이들, 용케도 그 영어는 알아 가지고. 심지어 한국인임을 잘도 눈치채서, "천 원만 주세요." 하기도 했다.

거리에서 구걸하는 아이들을 보면서, '이제 우리 아이들은 저렇게 구걸하지 않아도 되니 얼마나 다행이야!' 하고 생각하다가 문득 부끄러웠다. 난민이나 다를 것 없이 남루한 아이들을 보면서 기껏 제 나은 처지를 비교하고 안도하려 들다니. 현지 아이들을 생각하며 몹시 미안하고 부끄러웠다.

아니나 다를까, 뒤에 오던 선배가 5달러 지폐를 건네주면서, "저거 6·25 때 내 모습 아닌가 몰라." 하신다. 구걸하는 아이한테 돈을 주면 제 거지 친구들을 떼로 몰고 온다고 만류하는 현지 가이드에게 빙그레 웃으며 선배는 이렇게 말씀하셨다. "나도 6·25 때 '쵸꼴레또 플리즈~' 하고 미군 쫓아다녔거든."

나는 다시 부끄러워졌다. '개구리 올챙이 적 생각 못한다더니. 그래, 저들의 가난 속에도 우리네 박경리, 혹은 박완서 같은 이가 있어 자신들의 빈곤과 고난의 역사를 치열하게 기록하고 있을지도 모르는데…' 하는 생각이 들었다.

이렇듯 우리는 아이들을 통해 우리의 누추함을 돌아보고 비로소 부끄러워지곤 한다. 인플레이션처럼 갖가지 혁명이 난무하는 세월, 그러나 "인류는 진보해도 인간은 제자리"라고 하지 않던가. 분명 인간의 한계에 대한 비아냥일 텐데 나로선 얼마나 다행인가 싶다. 결국 인간은 제자리, 아무도, 그 무엇도 스스로 원해서 태어나지는 않았을 뭇 생명들이, 그러나 종족 보존을 위해 사랑하는 핏줄들을 위해 오욕을 견디고 허리띠를 졸라매며 그나마 조금씩 앞으로 나아가 인류는 여기까지 왔으리. "어려선 부모님 얼굴에 먹칠할까 조심하고, 나이 들어선 자식들 얼굴에 먹칠할까 조심한다."라는 말처럼 그나마 핏줄 때문에 염치를 차리고 여기에 이르렀으리.

5
『토지』의 미학:
잃어버린 우리 빛깔, 잊어버린 우리말

박경리 작가와 비교하기에는 사뭇 결이 다른 작가지만 나는 시오노 나나미의 수필을 좋아했다. 가볍고 경쾌한 글, 특히 기분 꿀꿀할 때 부담 없이 훌렁훌렁 책장 넘기며 읽는 그의 글은 삽삽하고 유쾌하여 종종 기분 전환이 되었다.

같은 연배의 동시대 작가인데 한일 간에 어째서 이렇게 결이 다를까, 가끔 드는 생각이다. 박경리 작가의 글은 결코 경망스럽지 않고 대체로 비애스러운, 스스로 한(恨)의 미학에 대한 천착을 강조하는 그런 글이다. 혹여 식민지 지배와 동족상잔의 비극 한국전쟁을 겪으며 닦여온 글이라 그런 걸까?

비슷하게 무라카미 류의 수필도 좋아했는데, 특히 그의 수필집 『남자는 소모품이다』를 즐겨 읽었더랬다. 그 책에서 감히 "뚱뚱한 여자는 질색이다."라고 대놓고 지껄이는 작가. 일본인 특유의 경쾌

함 혹은 경망스러움일까? 그럴지도 모르지만 어쨌든 그의 글도 군더더기 없이 유쾌하여 역시나 팔랑팔랑 책장 넘기며 읽곤 했다. 이 책에서 여러 여자를 거느리고 가는 아랍 남성을 보고 부러워하자 그 남자가 슬며시 다가와 하는 말. "실은 말도 못하게 골치 아프다." 이 말을 듣고는 하기야 "여자 하나도 힘든데 오죽하랴." 하는 대목에서 빵 터졌던 기억이 난다.

이 경우에도 같은 연배의 우리 작가 황지우를 생각하게 되는데, 두 사람의 결이 워낙 다르기 때문이다. 황지우의 시나 글은 사유의 깊이, 상징 언어를 파고드는 진지함, 뿐만 아니라 때로 좀 오버한다는 느낌이 들기도 할 만큼 빼어난 기교와 현학이 돋보인다고 내 나름대로 생각한다. 무라카미 류의 글은 분방하게 내닫는 대로 뱉어내듯이 자유로워서 때로 채신없이 경망스러워 보이면서도 실인즉 그 맛에 읽게 되는 글이어서 아무래도 한일 간 두 작가의 결이 달라도 너무 다르다고 생각하게 되는 것이다. 뭐, 문외한의 주관적인 느낌이니까.

다만 나는 이런 두 나라 작가들 사이의 차이를 굳이 우열로까지 비교하지는 않는다. 일단 그럴 능력이 없는 데다 다양성이려니 생각하고 그 다양성을 누리는 즐거움으로 족하다고 생각한다.

두 나라 사이의 미감의 차이랄까? 건축이나 정원도 적잖이 다른데 이 경우도 마찬가지다. 박경리 작가는 『토지』에서 조선 건축의 아름다움, 조선 후원의 넉넉한 아름다움을 이야기하면서 때로 일본 정원의 인위적 장식을 비판하기도 한다. 다른 곳에서 일본 옷 기모

노의 색감을 묘사하거나 다다미방 2층 창에서 바라다보이는 소나무의 아름다움을 묘사하는 것으로 보아 일본의 미감을 전적으로 부정하는 것 같지는 않은데, 아마도 반일 감정의 관성적 작동이었을지 모르겠다.

일본 미술에 대한 서구인들의 호기심 혹은 칭송은 잘 알려져 있고, 고흐의 경우는 일본 미술에 영향을 받은 일련의 작품들이 있어서 평론가에 따라서는 '고흐의 일본 시대'로 명명하기도 한다(솔직히 그 시절 고흐의 그림은 눈 어둡고 무식한 내게는 화투짝 그림 비슷하더라마는). 얼마 전 영국 방송 BBC World Wide 채널에서는 〈일본의 미학 탐방(Japanese Arts of Life)〉 시리즈를 방영하기도 했다.

참 아름다웠다. 일본의 중세 시기 작품이라며 보여주는 병풍의 붓꽃 시리즈는 우리의 흑백 위주 산수화와는 달리 보라색과 청색, 노란색의 색감이 특히 두드러졌다. 무엇보다도 미니멀리즘이라고 하던가. 장식을 극히 절제한 널따란 다다미방에 족자 두 개가 길게 늘어진 벽을 배경으로 한쪽에 긴 잎사귀와 두어 송이 꽃을 꽂은 큰 화병을 배치한 주택 사진은 서구인들이 매료될 만한 동양의 사색적이고 정적인 미학을 압축하여 보여주는 듯했다. 맨발에 단순한 민소매 검정 원피스를 입은 긴 생머리 여성이 1미터는 되어 보이는 커다랗고 묵직한 붓을 들고서 방바닥만 한 종이에 일필휘지로 글자를 써 내려가는 캘리그래피는 그 자체가 하나의 행위 예술이다. 먹물이 뚝뚝 떨어지는 그 장면은 숨이 멎을 듯 아름다웠다.

한편으로 적잖이 샘이 났다. 우리의 아름다움 역시 일본의 그것에 못지않은데 '도대체 문체부는 예산 됐다 뭐 하는 거야? 왜 우리의 미학은 저런 대접을 못 받을까?' 싶었던 것이다. 박경리 작가가 『토지』에서 묘사하는 최 참판 댁 당주 치수의 사랑 마당, 비 그친 담장에 능소화가 피어 있고 파초 잎새에 빗방울이 맺혀 있는 풍경, 화문석이 깔려 있는 대청마루에 발을 늘여놓고 대청 후문을 열어두어 그곳에서 시원한 바람이 불어오는 최서희의 후원, 그리고 흰 모시치마저고리에 비취반지를 끼고 앉아 부채질을 하는 최서희의 모습은 한 폭의 풍경화가 아니던가. 흰 모시와 녹색 비취반지의 빛깔을 대조시키는 박경리 작가의 미감이 놀라울 따름이다!

그뿐인가.『토지』곳곳에서 우리네 한복의 빛깔, 갈뫼빛 저고리니 은조사 깨끼적삼, 유록색 천을 댄 당혜(가죽 신발), 회색 바지에 하늘색 대님을 친 남정네의 차림새에 이르기까지, 지금은 잃어버린 이런 우리의 빛깔은 참으로 색채학적이다. 다양한 색채의 효과를 구현하는 컬러리스트라는 직업도 있다는데, 잃어버린 우리 복식의 독특한 빛깔들과 그 빛깔들을 묘사하는 잊어버린 우리말들에 대한 향수를 절로 불러일으킨다.

빛깔에 대한 것 말고도 『토지』에서 처음 접했던 우리말 중에 '이녁'이라는 말은 매우 흥미로웠다. 앞뒤 문맥으로 짐작컨대 '당신'이라는 정도의, 경칭과 천칭의 중간 정도 되는 말이지 싶다.

"너희는 올해 미영 많이 땄제?" 하는 대목에서의 '미영'도『토지』를 처음 읽을 적에는 도무지 무슨 말인지 모른 채 지나쳤더랬다. 나중에서야 그것이 '목화'를 지칭한다는 것을 알았다. 오래전 읽었던 연변 작가 김학철의 『항전별곡』이라는 책에서도 "아닌 보살하고", "왼새끼를 꼬다가" 등과 같은 처음 접하는 우리말들이 있었는데, 요즘 말로 각각 '시치미를 떼고', '쩔쩔매다가' 정도의 뜻으로 짐작된다. 참 감칠맛 나는 말들이다. 항일투쟁을 기록한 비슷한 책으로 김산의 『아리랑』이 있지만, 김산의 그것이 '소 머치(so much)' 비장한 데 반해 김학철의 그것은 담담하달까, 심지어 유쾌하다. 항일투쟁 자체를 특별한 도덕적 우월감이나 역사적 사명감 따위 내세우지 않으면서 일상의 기록으로 펼쳐나간 책이었다. 아마도 그래서 저런 감칠맛 나는 우리말들이 더 잘 살아 있는지도 모르겠다.

사회과학을 하면서 미학의 즐거움은 사실 꽤 오랫동안 의식 저 안쪽에 유폐되어 있지 않았나 싶다. 아주 오래전 아마도 여중생 시절이었을까, 우연히 마요르의 〈지중해〉라는 조각 작품을 본 적 있다. 대리석으로 빚은 둥글고 풍만한 여성의 몸, 지중해의 느낌이 그러했을까? 조각가 마요르는 "형태가 내게 기쁨을 준다."라고 했다.

어디 형태뿐이겠는가. 빛깔이 주는 기쁨이라니! 처음 브라질을 찾았을 때 비행기에서 내려다보이던 아마존강의 구불구불 너그럽게 흘러가던 수량 풍부한 흙탕물, 그리고 그 흙탕물 색깔과 똑같은 브라질의 기름진 땅 색깔, 이어서 리우데자네이루에 내렸을 때 구릿빛 건강한 몸을 드러낸 채 비키니에 가까운, 최소한의 천으로 된 옷을 걸치고 활보하던 브라질 남녀의 인상이라니! 천연자원이 풍부하고 커피며 바나나 같은 농산물도 수출 1, 2위를 다투는 데다 아열대 기후 덕분에 베어내면 이내 또 자라난다는 아름드리 가로수하며, 그런데도 경제성장이 더뎌 경제학자들은 "브라질이 못 사는 건 기적이다."라고 한다지만, 그거야 경제학자들 얘기고 잘살거나 못 살거나 그네들은 낙천적이다. 빈민촌에도 빠짐없이 디스코텍이 있고, 심지어 가난을 드러내는 빈민촌을 관광 상품으로 삼아 1인당 25달러를 받고 투어를 시키는 나라 브라질. 나는 일찌감치 입국 심사를 마쳤는데 함께 간 영국인 동료 스티브는 한참을 기다려 꼴찌로 통과하던, 이유도 없이 지문 검사에 홍채 검사에 애를 먹이더라는데, 아마도 그 무렵 검색을 강화한 영미 국가들에 대한 나름의 응수였을까?

아무튼 브라질은 내게 여전히 매력 만점의 나라다. 빈부 격차 심하고 민병대를 거느린 대지주의 횡포가 여전히 만연한 모순투성이 나라이지만, 그럼에도 내게 브라질은 그네들 축구 대표 팀 유니폼의 노란색과 초록색 그 선명하고 명랑한 색깔처럼 미학적으로 먼저 인지되는 유쾌한 나라다.

『토지』에서도 마흔 넘은 침모 봉순네는 떨어진 석류꽃을 "아까바서" 줍는다며 땅에 떨어졌어도 석류 꽃잎들이 "멍도 안 들고 시들지도 않고 우찌나 이쁜지" 한다.

고급 레스토랑에 가면 커다란 유리 화병에 물을 담아 그 위에 꽃들을 띄워놓은 고급스러운 꽃 장식을 볼 수 있고, 또 분위기 있는 한정식집에서도 우리네 질항아리에 그렇듯 꽃을 띄워놓은 모습을 볼 수 있는데, 봉순네는 이미 "바구니에 수북이 담아놓으니께 볼만 안 하요? 이런 빛깔 다홍치마가 있다믄 한분 입어보고 싶소." 한다. 바구니에 수북이 담긴 석류꽃이라니 얼마나 멋들어진 인테리어인가!

『토지』의 최서희 역시 튀지 않으면서도 오히려 그래서 더 세련된 멋쟁이, 심지어 다소간 '된장녀' 아니었을까 싶다. 초겨울로 접어든 계절, 용정에서 회령으로 외출할 때 처음 입어본다는 그녀의 모자 달린 브라운색 망토, 박경리 작가는 그 대목을 무척 공들여 묘사한다.

> 발목까지 내려오는 긴 망토가 작은 몸을 감싸고 있다. 진갈색빛 망토다. 손에 낀 가죽 장갑도 갈색이다. 머리엔 망토에 달린 모자(후드)를 썼고 투명한 작은 얼굴이 그 속에 있다. 처음 입어본 옷인데 오랫동안 맵시를 익혀버린 듯이 자연스럽고 서희에게는 썩 잘 어울렸다. (2부 2권(6권) 87쪽)

박경리 작가는 최서희가 손수건 한 장도 박래품 아니면 쓰지 않았다고 묘사하고 있다. 박래품(舶來品), 배를 타고 멀리서 온 귀한 물건이라는 뜻이니 요즘 말로 하면 물 건너온 명품에 견줄 만할 터. 최서희는 연해주를 거쳐 들어오는 러시아 상품을 비롯해 청국 상인 맹 서방이 가져오는 박래품 물건을 신뢰하여 곧잘 사들였다.

> 화장품, 값진 향수 등을, 일 년 내내 외출이라고는 거의 없었건만 수달피 목도리, 레이스, 비단, 털로 된 것 등 목도리를, 장갑도 가죽에서 털, 견직 제품, 모양이 새로운 것이면 사들였고 낙타 망토, 여행용 가

방, 핸드백 따위에 이르기까지 서희의 취미는 그의 낡아빠진 관념과는 달리 퍽이나 개명된 것이었고 손수건 한 장도 박래품 아닌 것은 쓰지 않는 최고급이었다.

…자질구레한 물건에는 집착하는 것 같은 기색도 아닌 것을 보아서는 긴장된 나날의 삭막을 견디어나가는 일종의 숨구멍 같은 것이나 아니었던지. 허영으로 보기에는 긍지가 높은 서희였고 가난해본 적이 없는 생활이었으니 남을 염두에 두고 사치할 리 없다. (2부 1권(5권) 253쪽)

그런데 최서희 같은 부자가 아니라도, 또 설사 된장녀, 된장남이 아니어도, 누구나 한두 가지 사놓고 한 번도 입지 않은 옷, 신지 않은 신발, 혹은 들지 않은 가방 같은 것들이 있기 마련 아니던가. 말하자면 쇼핑의 실패일 텐데, 버리기도 그렇고 입기도 그렇고 장롱만 차지하고 있는 애물단지들. 그러나 그 옷 혹은 신발을 살 때는 나름대로 이런 날 이렇게 매치시켜서 입어야지, 혹은 저런 날 저렇게 하고 나가야지 그려가면서 샀으리라. 결국은 어느 날 옷장을 정리하면서 버릴 수밖에 없는 옷가지들. 그래도 돈만 버렸다고 너무 자책하지 말지니, 그들을 살 때 이미 그대는 충분히 미학적으로 즐거웠을 것이므로.

세계적인 대중 의류 브랜드 H&M은 아예 옷이란 한번 입고 버리는 것이라는 콘셉트를 도입했다던가. 필시 소비를 부추기는 마케팅 전략일 테지만 매장 한쪽에 아예 버리는 옷 수거함을 배치하고 있는 이 콘셉트는 그러나 아등바등 살아온 산업화 세대나 민주화 세대와 달리 신인류라고도 불리는 X세대(혹은 다른 무엇으로 불리든지) 젊은이들한테는 오히려 자연스러운, 경쾌한 콘셉트로 받아들여지는 모양이다. 그래서 나는, 좀 엉뚱하지만, H&M 외에도 시즌이 미처 다 끝나기도 전에 그 시즌의 재고품들을 일제히 반액 세일하는 일본의 유니클로 같은 세계적 대중 의류 브랜드의 공략 앞에서 한국의 의류 산업이 배겨 날까 걱정스럽기도 하다.

몇 년 전 뉴욕에 갔을 때 대표적인 명품 거리라는 맨해튼 5번가, 그것도 티파니 매장 바로 앞에 유니클로 매장이 어마어마하게 들어서 있어 놀랐다. 이들의 공격적 마케팅 앞에서 디자인 구리고 가성비 낮은 한국의 의류 산업은 어디서 경쟁력을 찾아야 할까? 인터넷 쇼핑몰에서 무명 디자이너들의 발칙 대담한 디자인들을 종종 보지만 고가든 중저가든 이름 있는 브랜드들의 가성비, 경쟁력은 여전히 걱정스럽다.

의류 산업이란 생필품으로서의 옷을 만드는 전형적인 소비재 산업이면서 생활 속에서 각자의 개성을 드러내어 미감을 체험하게 하는 대표적인 패션 산업 아니던가. 메릴 스트립과 앤 해서웨이의 출연으로 흥행몰이에 성공한(사실 상업적으로 홍보가 과장되어서 그렇지 나로서는 패션 코드의 영화로서도 썩 잘 만든 영화 같지는 않지만 아무튼) 영화 〈악마는 프라다를 입는다(The Devil Wears Prada, 2006)〉에서 앤 해서웨이는 똑같아 보이는 색깔의 벨트를 들고서 마치 큰 차이라도 나는 양 어느 것을 고를지 심각하게 의논하는 패션업계 종사자들을 비웃는다. 좀 더 진지하게 사회문제를 다루는 저널리스트가 되고 싶어 하는 그녀. 그런 그녀에게 스탠리 투치(사실 조연인 그가 감초 역할을 톡톡히 해낸 영화였다)는 쿨하게 대꾸한다. 세계적인 예술가들의 아이디어가 담긴 디자인, 컬러, 그런 것들을 일상으로 가져온 것이 패션이라며 함부로 비웃지 말라고 그녀의 비웃음을 되돌려준다.

나는 그의 말에 적극 동감하는 것이, 부자들이 대가들의 그림을 사서 걸어놓고 미학의 즐거움을 독차지하는 것을 생각하면 우리네는 대가의 예술성을 일상으로 가져온 패션을 통해 나름의 미학을 누리는 것 아니겠는가.

어머니가 돌아가셨을 때, "나는 늙는 게 미니스커트 못 입는 건 줄 알았어…." 하고 눈물을 주체하지 못하고 우는 나를 위로하며, "아이고, 어떻게 멋을 부리길 다 바라. 안 아프면 다행이지."라고 언니는 말했었다. 나는 슬픈 중에도 깜짝 놀라더랬다. '그런 거야? 늙는 게 그런 거야?' 그런데 iTV의 드라마 〈다운튼 애비〉에서 전통과 품격의 화신과도 같은 버틀러 카슨(집사)은 자로 재어가며 크리스털 잔과 크고 작은 포크들을 식탁 위에 배열하고, 냅킨은 날카롭게 각이 서게 접어놓아야 한다고 늘 강조한다. 다운튼 애비 대저택의 주인 크롤리 백작보다도 오히려 더 근엄한 전통주의자 버틀러 찰리 카슨은, "스타일을 잃으면 품격을 잃는 것이고 품격을 잃으면 인생에 흥미를 잃는 것"이라고 말한다. 꼭 미니스커트는 아니어도 멋 부리는 거야 인생의 스타일이리니.

셜록 홈스를 제임스 다시가 연기해 색달랐던 영화, 베네딕트 컴버배치가 연기한 셜록과는 전혀 다른 셜록을 보여줬던, 그러나 그

외엔 좀 지루하달까 별 재미는 없었던(뭐, 사람마다 영화를 보는 코드는 다를 테니까) 영화 〈셜록: 죽음의 덫〉에서 셜록이 상대편의 거짓말을 알아채는 단서는 바로 "그 신사가 브라운 슈즈에 회색 모자를 쓰고 있었다."라는 말이었다. '신사(gentleman)'라면 브라운 슈즈에 회색 모자를 썼을 리 없다는 것이었다. 모자에서 핸드백, 구두까지 극단적인 '깔맞춤'으로 유명한 엘리자베스 여왕의 드레스 코드에서 보듯이 그네들의 깔맞춤은 신사나 레이디나 마찬가지였던가 보다. 그럼에도 엘리자베스 여왕은 툭하면 '워스트 드레서(Worst Dresser)'로 뽑히는 걸 보면 아마도 패션 산업 장삿속과는 거리가 먼 여왕의 드레스 코드를 패션업계가 질투해서가 아닐까 엉뚱한 생각이 들곤 한다.

이래저래 나는 '된장녀', '된장남'이라는 말에 담겨 있는 일정 정도 부정적 뉘앙스에도 불구하고 대체로 그런 세속적 트렌드에 호감까지는 아니라도 아무튼 너그러운 편이다. '명품 좇으며 문화적 사대주의를 추구해봤자 조선의 토속녀, 토속남일 뿐'이라는 그 역설적인 네이밍처럼 명품에 무조건 올인한다면 그건 아무래도 좀 천박하다고 할 수밖에 없을 터인데, 그러나 필시 그것이 나름의 미학, 아름다움에 대한 사랑 혹은 아름다움의 추구 이런 것과 무관하지 않으리라는 생각에서다. 그리고 이국적인(exotic) 것에 대한 호기심, 그 적극적인 미학적 충동은 박래품을 좋아했다는 최서희처럼 어느 정도는 동서고금 감성을 가진 인간 모두의 보편적 기질이 아니겠는가.

오히려 우리 본래의 멋, 우리에게 기쁨을 주던 우리 본래의 형태와 빛깔을 잃어버리면서 우리의 미학적 욕구가 외래적인 것 쪽으로 편향되었는지도 모르겠다. 예컨대『토지』에서 양반 댁 애기씨 서희가 아니라 다만 하인 신분이었던 소년 길상, 그리고 똑같은 계집아이 시절 봉순이의 설 차림을 묘사한 대목을 보자.

봉순이는 노란 명주 저고리에 남치마, 빨간 염낭을 찼으며… 길상이는 무명 바지저고리를 입고, 차고 있는 염낭은 수박색인데 연두색과 노랑색의 수술 두 개가 달린 염낭 끈이 그의 인물을 돋보이게 했으며 검정 갑사댕기를 드린 머릿결이 부드러워 보였다. 아이들의 저고리는 다 같이 햇솜을 두어 푹신푹신하게 했다. (1부 1권(1권) 153쪽)

노란 명주 저고리와 남치마, 연두색과 노란색 수술이 달린 수박색의 염낭! 얼마나 아름다운 빛깔의 대비인가! 이처럼 우리네의 개성 넘치는 미학, 우리네 강산과 너무도 잘 어울리는 그 미학이 가득한 빛깔과 형태의 갖가지 묘사는『토지』를 읽으면서 누렸던 또 다른 호사다. 누군가 눈 밝고 아름다운 이가 있어 언젠가는 이런 호사를 넘어 우리 고유의 미학을 널리 확장하고 안팎의 여러 사람들이 함께 누리게 해주기를 기대해본다.

잃어버린 품격을 찾아서

1판 1쇄 펴냄 | 2018년 12월 27일

지은이 | 김윤자
발행인 | 김병준
편 집 | 한의영·한지연
디자인 | 책은우주다·이순연
발행처 | 생각의힘

등록 | 2011. 10. 27. 제406-2011-000127호
주소 | 경기도 파주시 회동길 37-42 파주출판도시
전화 | 031-955-1318(편집), 031-955-1321(영업)
팩스 | 031-955-1322
전자우편 | tpbook1@tpbook.co.kr
홈페이지 | www.tpbook.co.kr

ISBN 979-11-85585-62-8 03300

이 도서의 국립중앙도서관 출판시도서목록(CIP)은
서지정보유통지원시스템 홈페이지(http://seoji.nl.go.kr)와
국가자료공동목록시스템(http://www.nl.go.kr/kolisnet)에서
이용하실 수 있습니다.(CIP제어번호: CIP2018040979)